新编21世纪高等职业教育精品教材
金融类

U0873756

金融科技合规实务

（第二版）

主 编 靖 研
副主编 付慧莲 邱 勋

中国人民大学出版社
·北京·

前言 PREFACE

《金融科技合规实务》是国家职业教育专业教学资源库金融科技应用（原：互联网金融）专业教学资源库核心课程“金融科技合规实务”的配套教材，是浙江省高校“十三五”第二批新形态教材建设项目规划教材。教材紧密契合行业发展需要，在中国人民银行发布的《金融科技发展规划（2022—2025 年）》指导文件基础上，梳理金融科技创新业态内涵、典型案例与监管要求，结合深化课程思政改革相关意见，开展职业道德、普法守法和民族自信教育。

本教材根据党的二十大对于金融工作开展的新要求，对比回顾近五年中央经济工作会议对于金融工作的具体指示，在明确第二个百年奋斗目标新征程下金融事业高质量发展目标基础上，全面梳理汇总金融监管工作的内容和职责，以期助力新兴金融科技创新业务合规合法开展，强化创新业务监管和监管创新，从而促进金融科技监管体系的现代化和制度化建设。

教材严格遵循 2025 年 2 月教育部颁布的金融科技应用专业教学标准，针对高职高专学生的实际情况，在内容安排上紧密结合金融科技发展的最新趋势，增加了关于新兴业态的相关法律法规，确保内容的前沿性和实用性。在编排形式上，教材采用了项目-任务的组织方式，既有理论阐述，又注重实践操作，契合职业教育对人才培养的实际需求。

教材具有鲜明的特色，具体表现在以下几个方面：

一、内容前沿

教材内容与时俱进，深入探讨了大数据金融、智能投顾、区块链金融、数字货币等金融科技前沿业态的发展状况及法律法规，为从业人员提供了坚实的理论支撑和清晰的操作规范。

二、案例权威

教材精选了大量已判决案例，这些案例不仅具有高度的客观性，而且具备法律的权威性，使得教学效果更加直观深刻，有助于学生深入理解并应用所学知识。

三、实训实用

教材采用项目化教学的方式，根据最新的法律法规要求设计了合规实训环节，帮助学生熟悉并掌握合规操作规范，强化其动手能力和实操技能，使其能够更快地适应工作岗位需求。

四、资源丰富

教材中融入了丰富的动画、视频等多媒体资源，以及配套的教学素材库，能够更好地支持在线教学和全景化教学，提升学生的学习兴趣和学习效果。

本教材由浙江金融职业学院靖研担任主编，武汉职业技术学院付慧莲和浙江金融职业学院邱勋担任副主编，拟定大纲、统稿并审阅定稿。在编写过程当中，编者得到了北京市盈科（南京）律师事务所合伙人张纲律师团队的大力支持。具体编写分工如下：项目一由靖研编写；项目二至项目五由付慧莲团队编写；项目六、项目七由台州科技职业学院应海芬团队编写；项目八由浙江经济职业技术学院许洋团队编写。在编写的过程中，编者参考和引用了大量的文献、网络资料，特此一并感谢。

由于编者时间与能力有限，加之金融科技发展日新月异，相关法律体系还不健全，书中难免有疏漏之处。恳请读者批评指正，以便我们不断修改和完善。

编者

2025 年 3 月

目 录 CONTENTS

项目一
XIANG MU YI

金融科技监管

学习目标

- 掌握金融科技的内涵
- 了解金融科技发展概况
- 了解国外金融科技监管模式
- 熟悉中国金融科技监管概况

素养目标

- 具备金融科技从业人员职业道德
- 增强遵法守法观念

关键词

金融科技、金融科技监管

知识点导图

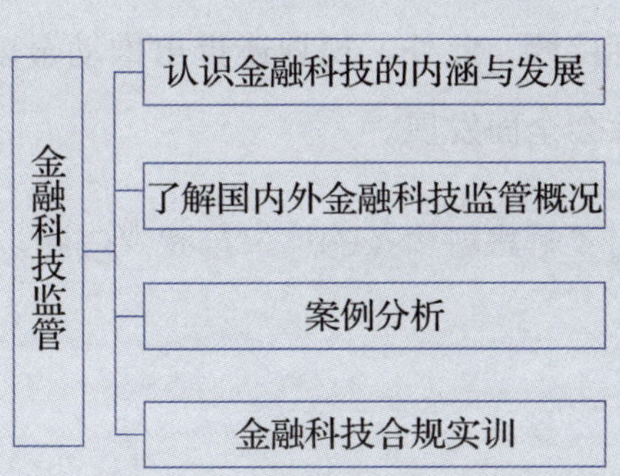

任务一　认识金融科技的内涵与发展

一、什么是金融科技

随着大数据、人工智能、区块链、物联网、5G 等技术在金融领域中的广泛应用，金融行业互联网化、数字化、智能化成为新常态，金融科技成为金融发展新趋势。国际金融稳定理事会（FSB）于 2016 年给出了国际通用的标准定义，金融科技主要是指由大数据、区块链、云计算、人工智能等新兴前沿技术带动，对金融市场以及金融服务业务供给产生重大影响的新兴业务模式、新技术应用、新产品服务等。巴塞尔银行监管委员会（BCBS）总结了国际金融科技活动最为活跃的四个领域：一是支付结算类，如移动钱包、数字货币等；二是存贷款与资本筹集类，如网络借贷、股权众筹等；三是投资管理类，如智能投顾；四是金融市场基础设施类，如客户身份认证、分布式账户、云计算等。2019 年 8 月 22 日，中国人民银行印发的《金融科技（FinTech）发展规划（2019—2021 年）》指出，在新一轮科技革命和产业变革的背景下，金融科技蓬勃发展，人工智能、大数据、云计算、物联网等信息技术与金融业务深度融合，为金融发展提供源源不断的创新活力。2022 年 1 月，中国人民银行印发《金融科技发展规划（2022—2025 年）》，着重强调金融科技在推动金融高质量发展中的关键作用。规划提出要加快金融数字化转型步伐，深化大数据、人工智能等技术在金融业务中的应用，提升金融服务效率和质量。同时，注重风险防控，确保金融科技发展稳健可持续。此外，规划还提出推动金融科技普惠发展，缩小金融服务差距，助力经济社会全面发展。

动动手：请通过网络了解金融科技的广义与狭义内涵。

二、金融科技的特征

金融科技的特征主要表现在以下几个方面：

第一，金融科技具有显著的技术驱动性。金融科技是以信息技术为基础和支撑的，涵盖了云计算、大数据、人工智能、区块链、物联网、生物识别等新兴技术。这些技术不仅提升了金融业的数据处理能力、智能化水平和安全性，还拓展了金融业的服务渠道、覆盖范围和创新空间。

第二，金融科技强调模式创新。金融科技采用了平台化、场景化、社交化、生态化等新型模式，这些模式改变了金融业的组织形式、运作方式和服务模式，也影响了金融用户的消费习惯、信用评价和风险偏好。

第三，金融科技以用户为导向。金融科技关注用户的个性化、定制化、智能化、便捷化等新型需求，这些需求反映了金融用户的多样化和差异化，也体现了金融用户的主动性和参与性。

第四，金融科技注重提升金融服务效率和降低成本。通过数字化技术、自动化操作、智能化机器人等手段，金融科技可以为用户提供更快捷、便捷、高效的服务，同时降低金融机构的运营成本和管理费用。

第五，金融科技致力于提供创新的金融产品和服务。通过数据分析、人工智能、区块链等新技术的运用，金融科技可以为用户提供更加贴合个性化需求的金融产品和服务，实现金融服务的个性化和全面化。

三、金融科技发展概况

（一）国外金融科技发展概况

达沃斯世界经济论坛全球金融体系理事会将全球金融科技发展分为三个阶段：2008 年国际金融危机前为起步阶段；2008—2016 年为快速发展阶段，主要由移动互联技术的普遍使用推动；2016 年开始的未来几十年则为长期挑战和影响阶段，金融科技将会重塑客户行为、商业模式和金融服务业的结构。

从各国金融科技研究与发展动态数据来看，中国、英国、美国、欧盟、新加坡位列金融科技发展创新活跃度第一梯队，部分发达国家（韩国、日本、澳大利亚、加拿大等）和新兴市场国家（印度、巴西、俄罗斯、南非等）位列第二梯队，其他亚非拉国家因经济发展较弱、金融基础设施匮乏等原因，金融科技发展处于偏低水平，位列第三梯队。

据毕马威 2024 年 4 月发布的《金融科技动向 2023 年下半年》报告（The Pulse of Fintech H2 2023），全球所有关键地区的金融科技投资均呈现同比下降趋势，亚太地区跌幅最为显著，从 2022 年的 513 亿美元缩水至 2023 年的 108 亿美元；同期，欧洲、中东与非洲区（EMEA）的投资也从 496 亿美元降至 245 亿美元；美洲区则展现出相对良好的韧性，其金融科技投资从 2022 年的 954 亿美元降至 2023 年的 783 亿美元。在司法管辖区层面，2023 年美国吸引了全球三分之二的金融科技资金（735 亿美元）。

从业务分类来看：在 2023 年的下半年，支付科技领域的交易规模显著缩减，虽然呈现逐年下降的趋势，但其在全球金融科技融资中的份额依然位居榜首。投资者对于稳定市场的关注度持续不减，同时，合并策略继续成为全球支付科技领域的核心重点。此外，不同地域的政府和投资者在支付科技投资方面的优先级上显示出显著的差异。

保险科技日益受到重视，特别是在赋能方面的表现尤为突出。中小企业保险科技逐渐受到广泛瞩目。业界普遍认为，嵌入式保险作为关键的增长点，能够有效解决销售过程中的决策疲劳等难题。然而，在全球多个地区，保险业仍面临创新动力不足的挑战，因此推动其创新发展显得尤为重要。

监管机构对金融科技始终保持着高度关注，而集成人工智能在监管科技中扮演着越来越重要的角色。2023 年，众多司法管辖区的监管科技企业纷纷展现出对在监管科技生态系统中建立合作伙伴关系以扩展其产品和服务范围的浓厚兴趣，这种趋势在下半年尤为显著。

2023 年，代码安全问题迅速吸引了投资者的目光，尤其是科技巨头、应用程序开发平台和网络安全公司。与此同时，复杂的威胁环境使得威胁情报成为焦点话题。

投资者对人工智能和机器学习在数据分析和资源密集型任务中的应用表现出浓厚兴趣，如产品检查、推荐和财富来源检查等。在全球范围内，财富科技投资者继续关注智能投顾产品和平台，这些产品旨在满足财富市场低端消费者的需求。此外，全球投资者逐渐将中东视为财富科技增长的潜力地区，该地区拥有坚实的财富基础，政府也在积极推动金融科技的创新发展。

亚太地区，特别是新加坡和日本等司法管辖区，对加密货币的发展仍保持着浓厚的兴趣，并努力在创新和监管之间找到平衡点。同时，众多监管机构、金融机构和其他组织对 Web 3.0 及加密货币表现出浓厚兴趣，众多企业正在积极探索如何实现商业模式货币化，并与相关第三方建立合作伙伴关系。

ESG① 金融科技作为金融科技的新兴领域，在 2023 年进一步扩大了应用范围并逐渐走向成熟。美国在这一年见证了最大规模的 ESG 金融科技投资。2023 年，美国和加拿大等地对碳服务的兴趣大幅上升。此外，ESG 合规和风险管理产品也取得了一定的发展，而监管层面的变化预示着监管科技将成为接下来的重要关注点。

动动手：请通过网络了解金融科技代表性公司与业务模式。

（二）我国金融科技发展概况

中国金融与技术的融合开始于 20 世纪 80 年代，而金融科技的概念在 2015 年进入中国。早期的技术应用是金融业务的 IT 基础设施，以电子化工具为主。后来随着第三方支付、P2P 网贷等一系列互联网金融业务的快速发展，技术逐渐从后台的位置转移到了前端，渗透到了金融的核心业务领域。2016 年起，伴随着金融科技概念的兴起和监管的收紧，行业开始重新审视科技的重要性，以技术输出为核心业务的企业开始出现。

根据赛迪顾问《2023 中国金融科技发展研究》报告，2016—2022 年，我国金融科技市场规模保持增长态势，呈现波动发展趋势。2022 年，在政策导向、数字基础设施不断完善，应用场景创新持续驱动下，中国金融科技加速落地，市场规模持续增长，中国金融科技整体市场规模达到 5 321 亿元。从金融科技行业受访企业主要从事的业务领域来看，2023 年平台技术赋能（33%）、普惠科技（14%）和财富科技（10%）位列前三，在金融科技市场占据主流；其余业务领域则分别拥有 3%～9%不等的份额，延续了百花齐放的行业格局。值得关注的是，平台技术赋能企业占比较 2022 年提高了 5%，一定程度上体现了当前金融科技企业更加重视底层技术研发和综合应用优势。

中国金融科技发展历程如图 1-1 所示。

---

① 环境、社会和公司治理（Environmental，Social and Governance）。

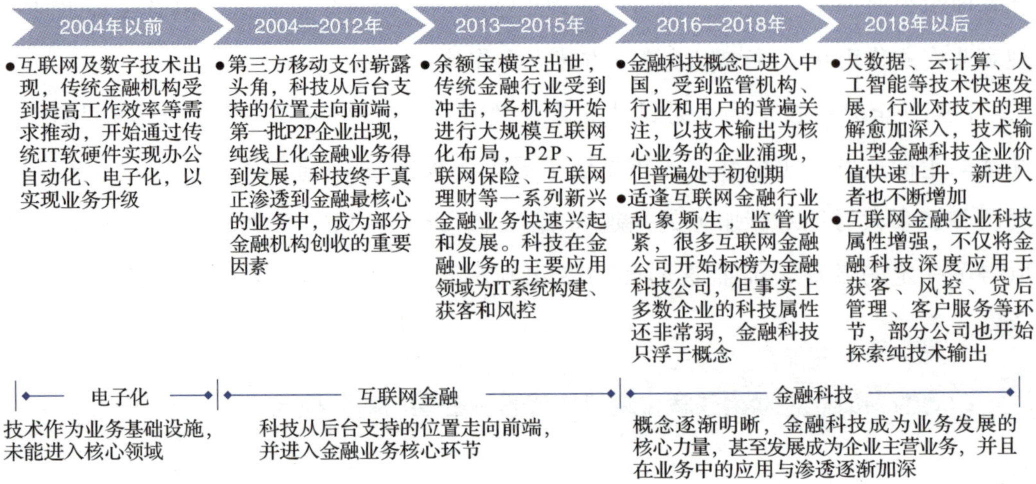

图 1－1　中国金融科技发展历程

任务二　了解国内外金融科技监管概况

一、国外金融科技监管概况

（一）监管机构

根据金融体系和法律制度的不同，各国金融科技的监管机构也有所不同。

（1）英国：由英国金融行为监管局（Financial Conduct Authority，FCA）对金融科技进行管理。FCA 是一个独立的公共机构，依据《2000 年金融服务与市场法》（Financial Services and Markets Act 2000，FSMA）对金融科技进行监管，包括前瞻性干预监管、基于事件的响应式监管等多元化的金融行为监管活动。

（2）美国：美国的金融科技监管机构按照行业性质进行划分，将金融科技企业按照不同类别的法律体系进行监管。此外，美国财政部也发布过相关报告，提出对金融科技业态的监管建议。

（3）新加坡：新加坡金融管理局（MAS）是新加坡中央金融管理机构，对新加坡的金融服务和金融稳定进行综合监管。MAS 设立了金融科技和创新团队

(FTIG)，专门负责金融科技领域的政策监管与发展战略。

(4) 墨西哥：墨西哥通过了《金融科技法》，该法以金融稳定为首要目标，确定了金融科技机构的服务属性、业务边界等，为金融科技的监管提供了法律依据。

(二) 监管法规和条例

各国针对金融科技制定了一系列法规和条例，以确保金融市场的稳定和消费者的权益。

(1) 英国：英国在金融科技监管方面拥有较为完善的法规体系。例如，英国实施了《电子货币条例》《支付服务条例》等，对金融科技企业的业务活动进行了规范。

(2) 美国：美国针对金融科技领域也制定了多项法规和条例。例如，《多德-弗兰克华尔街改革和消费者保护法案》(简称《多德-弗兰克法案》) 对金融市场的稳定性和透明度提出了要求；《创造经济机会的金融体系：非银金融、金融科技和创新》报告则提出了对金融科技业态的监管建议。

(3) 新加坡：新加坡政府也制定了多项法规和条例来规范金融科技的发展。例如，新加坡《支付体系监督法》对支付系统的安全性和稳定性提出了要求；《金融科技安全和技术要求指引》则对金融科技企业的技术安全和风险管理进行了规范。

(三) 具体监管手段

各国金融科技监管机构在监管手段上也有所不同，但普遍采用以下几种方式：

(1) 设立沙盒监管制度。沙盒监管制度是一种创新的监管方式，允许金融科技企业在可控的环境中测试新产品或服务，以降低市场风险和消费者风险。英国和新加坡都实施了沙盒监管制度，为金融科技企业提供了创新的试验田。

(2) 强化信息披露和透明度要求。各国监管机构普遍要求金融科技企业加强信息披露和透明度，以便消费者和监管机构能够更好地了解企业的业务活动和风险状况。这有助于维护金融市场的稳定和消费者的权益。

(3) 实施合规性监管。合规性监管是确保金融科技企业遵守相关法规和条例的重要手段。各国监管机构通过定期检查和评估企业的合规性情况，来确保企业遵守相关法律法规和监管要求。

(4) 加强国际合作与协调。随着金融科技的全球化发展，各国监管机构也加强了国际合作与协调。通过分享信息和经验、制定共同的监管标准和原则等方式，来共同应对金融科技带来的挑战和风险。

综上所述，国外金融科技监管的概况呈现出多元化、创新化和国际化的趋势。各国监管机构在监管机构设置、法规制定和监管手段等方面都有所不同，但都致力于维护金融市场的稳定和消费者的权益。

（四）部分国家（地区）金融科技监管创新举措

部分国家（地区）金融科技监管创新举措如表-1所示：

表1-1　部分国家（地区）金融科技监管创新举措

国家（地区）	监管创新举措
美国	美国众议院金融服务委员会成立人工智能工作组，负责研究包括深度学习在内的人工智能技术在金融监管中的应用。 美国金融业监管局发起改革数字平台计划，旨在整合、简化与被监管机构之间的数字互动，实现更高效的合规管理。 美国金融业监管局设立金融创新办公室，目的是增强识别、理解和促进金融创新的能力，强化投资者保护。
欧盟	欧盟各国建立24个创新中心，欧洲证券和市场管理局、欧洲银行业管理局、欧盟养老金监管局对比分析后认为，创新助推器为监管部门提供了实时深入了解金融服务创新与新兴技术在金融领域应用的机会。
英国	英国金融行为监管局和英国央行宣布英国金融业数据改革提议，英国央行表示将在整个金融系统提高公司数据收集的及时性和有效性。 英国金融行为监管局正推进使用新方法和新技术改进监管数据交互及提升反洗钱与金融犯罪监控的能力。
德国	德国联邦金融监管局表示将积极研究在证券监管报告等高质量结构化数据分析中应用人工智能技术。
瑞士	瑞士修订沙盒监管条例，推出全新金融科技许可类别。
新加坡	新加坡金融管理局正式创建“快捷沙盒”（Sandbox Express）监管机制，缩短了企业进入新加坡沙盒的审批流程。 新加坡金融管理局推动数字化转型，通过合并原技术部门到新的技术组，加强对金融领域技术风险的监管能力。
韩国	韩国金融服务委员会先后批准多家提供信用借贷、证券交易和支付等产品与服务的金融科技公司进入沙盒。

资料来源：中国信通院。

（五）主要国家金融科技监管概况

美国是全球范围内金融监管最为复杂的国家之一，由于美国属于联邦制国家且历次金融危机后美国国会对金融监管框架进行了多轮改革，例如，大萧条后依据《格拉斯-斯蒂格尔法案》采取分业监管模式，次贷危机后依据《多德-弗兰克法案》设立了消费者金融保护局（Consumer Financial Protection Bureau，CFPB），因此美国金融监管框架呈现碎片化的特征，即在联邦监管机构之间、州与联邦之间均存在重叠的监管权力，具体表现为机构监管和功能监管相结合的双重多头金融监管框架。2017年美国国家经济委员会发布《金融科技监管框架》白皮书，提出从推进金融科技发展的角度来制定相关政策，在金融科技创新中提高竞争优势。美国对于金融科技企业主要沿用现行监管框架，即根据金融科技企业的业务种类及展业形式进行归口管理，例如，以网络借贷为主营业务的金融科技企业，如果向存款机构提供服务，可能需接受美联储、货币监理署（The Office of the Comptroller of the Currency，OCC）等联邦监管机构的监管，如以自有资金直接发放贷款，可能需取得所在州发放的贷款业务许可证。

英国金融监管框架属于英格兰银行下属机构审慎监管局（Prudential Regulation Authority，PRA）和独立于英格兰银行体系的监管机构金融行为监管局（FCA）主导的双头监管模式。针对金融科技，FCA依据《2000年金融服务与市场法》承担对金融科技创新的监管，其主要监管思路是平衡创新与风险的关系，以达到适度监管的目的。近年来，英国监管沙盒制度不断创新和开放，不仅在2021年8月将监管沙盒的申请窗口期转变为可随时申请，为更多金融科技企业进入监管沙盒提供便利，而且陆续推出针对支持ESG数据和披露领域的数字沙盒（Digital Sandbox）、专注于扩展创新技术公司的规模沙盒（Scalebox）等形式，展现了英国在金融科技监管领域的前沿理念。针对目前较为热门的加密资产领域，英国虽尚未出台专门的监管法规，但FCA已于2019年发布《加密资产指南》（Guidance on Cryptoassets）以阐明监管立场。根据该指南，加密资产可分为不受监管代币（Unregulated Tokens）和受监管代币（Regulated Tokens）两类，其中，不受监管代币包括以比特币、以太币为代表的交易型代币（Exchange Tokens）以及具备特定用途的实用型代币（Utility Tokens），该等代币因不符合受监管所需的特征，而暂未落入FCA监管范围内；受监管代币是指提供类似投资的证券型代币（Security Tokens）和具有价值储存用途的电子货币型代币（E-money Tokens），提供该等代币需要取得FCA的授权，该指南可作为在英国市场展业的重要参考。

新加坡在2015年和2016年分别设立了“金融科技和创新团队”及“金融科技

署”，牵头制定金融科技产业发展战略，强化对金融科技相关业务的监管，并启动了2 700万新元规模的产业基金，促进金融科技领域的人工智能和数据分析技术发展。2022年4月，《金融服务市场法案》（Financial Services and Markets Bill，FSM法案）在新加坡议会通过，FSM法案加强了金管局的监管权力，包括可以对不适合在金融行业中担任关键角色、活动和职能的人实施禁止令等。金管局继续沿袭持牌经营监管思路，将金融科技企业置于现有的分业监管框架下，根据其业务性质分别适用银行、证券、保险、支付四类传统金融行业的准入门槛和监管要求。考虑到金融科技企业可能无法完全满足持牌所需的资本要求和监管要求，为促进行业发展，金管局制定了监管沙盒制度，金融科技企业向金管局申请获批后，可在某些原本需要获得特定牌照的领域进行商业运营。金管局为申请机构提供了常规沙盒（Sandbox）和快捷沙盒（Sandbox Express）两个选项，并提供沙盒Plus（Sandbox Plus）作为额外选项为申请机构提供资金支持。

二、中国金融科技主要政策及监管体系

我国金融科技监管框架

（一）中国金融科技主要政策

在新一轮科技革命和产业革命背景下，科技与金融业务的结合也越来越广泛与深入，科技助力金融业高质量发展的态势显著。监管部门循序渐进地出台一系列“科技+金融”的政策导向性文件，建立健全金融科技的监管制度，维护市场秩序。近年来，我国针对金融科技发展的政策频频出台，顶层设计逐步完善。相关政策主要聚焦于推进金融科技创新、加快数字金融基础设施建设、提升金融科技监管水平、推动金融服务数字化升级和打造数字化金融生态等五个方面。

2019年中国人民银行印发的《金融科技（FinTech）发展规划（2019—2021年）》提出了建立健全我国金融科技发展的“四梁八柱”，是我国金融科技第一份科学、全面的规划，影响深远。2022年1月中国人民银行印发《金融科技发展规划（2022—2025年）》，对新时期金融科技发展提出了指导意见。本次规划与上一轮相比，更加顺应数字经济发展的趋势，重点任务更加明确，关键技术更加前沿，实施方向更加清晰，为金融科技发展提供了顶层设计和统筹规划。2022年4月，中国人

民银行等共同起草了《中华人民共和国金融稳定法（草案征求意见稿）》，明确了国家金融稳定发展统筹协调机制的职责。

数字基础设施方面，《金融科技发展规划（2022—2025年）》、《数字中国建设整体布局规划》、《“十四五”大数据产业发展规划》、《中共中央 国务院关于构建数据基础制度更好发挥数据要素作用的意见》（数据二十条）及《“数据要素×”三年行动计划（2024—2026年）》等政策中皆提到要完善数字基础设施建设，打通数字基础设施大动脉。政策重点关注5G网络与千兆光网协同建设，推进IPv6技术的规模部署和融合创新应用，推进移动物联网全面发展，结合区块链技术为金融服务场景提供安全支撑，从而架设安全泛在的金融网络；进一步优化算力基础设施布局，打造绿色高可用数据中心，加快云计算等技术的推广应用，促进东西部算力高效互补和协同联动，构建起分布式与集中式相融通、云联动的算力支持体系。

《金融标准化“十四五”发展规划》《金融科技发展规划（2022—2025年）》《数字中国建设整体布局规划》等政策围绕金融科技监管，提出要与时俱进地完善法律法规、技术标准等体系，不断适应数字化发展需要；加强数字化监管能力建设，利用大数据、机器学习、模式识别等技术，监测数字金融运行状况，深化数字技术全场景应用体系的合规监测，构建金融与科技风险之间的防火墙，提升金融监管效能；加强金融科技创新监管，加快金融科技创新监管工具应用，坚持将所有金融活动依法依规纳入监管，厘清金融科技创新边界，从源头防范金融与科技融合所带来的潜在风险。

（二）中国金融科技监管体系

我国金融科技监管体系基本形成以技术驱动、多方协同为特征的现代化治理框架，具体可从以下四方面阐述。

1. 监管框架：分层协同与动态创新

（1）“一行一局一会”架构。

2023年金融监管体系调整为中国人民银行、国家金融监督管理总局和证监会协同的“一行一局一会”模式，强化对金融科技业务的穿透式监管，重点覆盖支付清算、智能投顾等新兴领域。

（2）监管沙盒与RegTech应用。

全国已落地30余个金融科技监管沙盒，对区块链支付、AI信贷等创新产品实施风险压力测试。深圳试点“区块链风险预警系统”，通过链上数据分析识别异常交易，准确率达 92%。

（3）协同共管模式。

从单一政府监管转向多方协同治理，数字平台、行业协会与监管部门共建风险联防机制。例如，数字人民币（e-CNY）试点中，央行联合商业银行、第三方支付机构构建分级风控体系。

2. 核心法规：数据安全与技术治理并重

（1）数据要素规范。

依据《数据安全法》《个人信息保护法》，金融机构需采用零知识证明、联邦学习等技术实现数据“可用不可见”，并对生物识别信息等敏感数据实施跨境流动限制。

（2）技术标准体系。

工业和信息化部、中央网络安全和信息化委员会办公室和国家标准化管理委员会于 2023 年 12 月联合印发《区块链和分布式记账技术标准体系建设指南》，明确智能合约审计、跨链和互操作等要求。例如，供应链金融平台需对智能合约嵌入人工干预节点，确保合规性。

3. 司法协同：区块链技术与证据链重构

（1）司法区块链联盟。

最高人民法院建成覆盖金融、工商等领域的跨链存证平台，实现借贷纠纷的电子合同、交易流水等证据实时核验，案件审理周期缩短 40%。

（2）隐私计算司法应用。

通过跨链隐私计算技术，法院可调取加密处理的金融数据用于判决，同时保障用户隐私。例如，上海金融法院已实现银行流水数据在脱敏状态下的司法验证。

4. 行业自律：技术伦理与信用共建

（1）算法透明度要求。

中国人民银行于 2022 年 10 月 9 日发布《金融领域科技伦理指引》，旨在规范金融科技活动的伦理治理，明确科技为金融赋能的定位，防范技术滥用风险。

（2）信用评价共享机制。

建立行业白名单和黑名单数据库，金融机构通过区块链联盟链共享失信主体信息。

总之，我国金融科技监管正从被动合规转向主动治理，通过“监管科技（RegTech）反哺金融科技（FinTech）”模式，实现创新与安全的动态平衡。未来将重点完善数据要素市场化规则，进一步明确数据确权与收益分配机制。

想一想：中国金融科技监管属于哪种模式？

任务三　案例分析

案例一

区块链身份识别初创公司剑桥区块链、京东金融反洗钱系统

（1）区块链系统降低监管合规成本，优化客户体验。剑桥区块链（Cambridge Blockchain，CB）是一家区块链身份识别初创公司，其主要业务就是建立用于身份识别的区块链系统，应对日益上涨的降低信息透明度和保护客户隐私的需求，帮助监管机构和企业进行监管合规，降低监管合规成本，优化客户体验。

在CB的区块链系统中，每个用户都拥有个人身份信息的控制权，任何其他机构或个人均不可随意获得、篡改、破坏该数据，且由于每一位客户在区块链中都是一个节点，金融机构和监管机构可以通过客户信息锁定唯一的客户所在节点，获取该客户的个人信息和交易数据，提高客户身份识别效率。

（2）金融反洗钱系统防止客户身份被用于非法活动。京东金融已自建反洗钱系统，在客户身份识别方面，基于完备的KYC（know your customer，客户身份识别）流程及客户信息收集与验证，充分运用人脸识别、语音识别、设备指纹等技术，且凭借京东金融自身的大数据基础和数据挖掘能力，为每个客户构建出精准的画像，将客户行为立体化，提高了获取客户信息的完整性与准确性，从而可以进行客户风险等级划分，为不同风险等级的客户制定有针对性的风控策略，这对于及时打击洗钱等犯罪行为具有重要意义。

值得一提的是，除了生物识别技术，京东金融还运用了设备识别和人机识别技术，帮助企业判断操作者与账户所有者是否是同一人，防止客户身份被黑色产业分子截取、盗用或修改，用于非法活动。

案例二

英国“监管沙盒”模式

“沙盒”（Sandbox）一词本来不是金融术语，它源于计算机应用领域，指的是人为创造一个类似于沙盒的独立运作环境，在其内部运行程序进行测试，这样的预防措施不会对硬盘造成永久性的影响，人们往往用它来测试不受信任的应用程序或者上网行为。英国金融行为监管局（FCA）对“监管沙盒”（Regulatory Sandbox）的定义是，为企业的产品、服务以及商业模式创新提供一个“安全空间”，这个空间内的创新行为不会引起常规的监管后果。2015 年FCA 发布监管沙盒白皮书，正式启动“监管沙盒”模式，并制定了从申请测试到评估决策的一系列流程，成为各国效仿实施的模板项目。

英国首创的“监管沙盒”模式分为申请审核、沙盒测试和评估决策三个阶段。第一个阶段，欲参加测试的机构填报申请表，向 FCA 提出测试申请，FCA 审核通过后与企业共同确定合适的测试工具进行沙盒测试；第二个阶段，全程监测，针对性测试，在测试中，FCA 还引进了“虚拟沙盒”（面向所有人，不需要授权）和“沙盒伞”（面向非营利性公司，指派某些金融创新企业作为代理人）两种方式帮助更多企业进行沙盒测试；第三个阶段是 FCA 进行评估并决策申请企业是否可以扩大推广测试项目。

监管沙盒将金融机构和初创企业置于一个安全空间内进行新金融产品、业务模式流程的测试，将风险有效隔离，在灵活性较强的条件下进行创新方式探索、引导，促进了金融机构和企业的良性发展，也为金融监管提供了一个双向互动、相互促进的发展机制。监管沙盒由 FCA 和测试公司一同制定测试工具，基于权力范围和现行法律政策具体问题具体分析，采用“无异议函”“个别指导意见”“豁免”等方式提供新技术测试机会和反馈。

任务四　金融科技合规实训

一、了解中国金融科技发展规划

1. 实训目标

通过实际操作，让学生熟悉我国金融科技发展规划、工作要点。在实训过程中培养学生法律法规收集能力及解读能力。

2. 实训要求

通过互联网搜索，了解并归纳《金融科技发展规划（2022—2025 年）》中的要点。

3. 实训步骤

步骤一：登录中国人民银行官方网站（http://www.pbc.gov.cn）。

步骤二：搜索“金融科技”相关法律法规。

步骤三：找到规划全文，分析总结发展规划要点。

提示：

2019 年 8 月，央行公布首轮金融科技发展规划——《金融科技（FinTech）发展规划（2019—2021 年）》，这份纲领性文件的出台，明确了金融科技发展方向、任务和路径，有力推动了金融科技良性有序发展。2022 年伊始，第二轮金融科技发展规划——《金融科技发展规划（2022—2025 年）》发布。

首轮规划明确了金融科技的基本定义，肯定了金融科技的积极意义，主要目标是建立健全金融科技“四梁八柱”顶层设计。经过2年多的努力，上述目标已经基本实现，金融科技正在成为驱动金融变革的重要引擎。在这种情况下，第二轮规划重在解决金融科技发展不平衡不充分等问题，推动金融科技健全治理体系，完善数字基础设施，促进金融与科技更深度融合、更持续发展，更好地满足数字经济时代提出的新要求、新任务。

二、了解金融科技某一具体业务领域的发展历程

1. 实训目标

深入了解所选金融科技业务领域的发展历程和现状。

掌握如何收集、整理和分析金融科技领域的重大事件信息。

提高对金融科技业务发展趋势和监管变化的敏锐度和预测能力。

2. 实训要求

选择金融科技领域中的一个具体业务作为梳理对象，如移动支付、区块链技术、智能投顾等。

收集该业务领域的历年大事，包括但不限于政策发布、技术突破、市场应用案例等。

对收集到的大事进行整理、分类和归纳，形成一份详细的大事记。

分析这些大事对业务发展的影响，并预测未来可能的趋势和监管要求。

3. 实训步骤

（1）确定业务领域。

选择一个金融科技领域中的具体业务作为梳理对象，并明确其定义和范围。

（2）收集资料。

利用互联网搜索引擎、金融科技行业报告、专业书籍等渠道收集相关资料。

关注政策文件、技术论文、新闻报道等来源，确保信息的权威性和时效性。

（3）整理信息。

将收集到的大事按照时间顺序进行整理，形成初步的大事记。

对大事进行分类，如政策监管类、技术类、市场应用类等，方便后续分析。

（4）分析影响。

分析每个大事件对业务发展的具体影响，如推动技术进步、改变市场格局等。

结合业务领域的整体发展，评估这些大事的重要性。

（5）预测趋势。

基于历史大事的分析，预测未来金融科技业务领域可能的发展趋势。

考虑政策、技术、市场等多方面因素，提出合理的预测和假设。

（6）编写报告。

将整理好的大事记、分析内容和预测趋势编写成一份详细的实训报告。

报告应结构清晰，内容充实，逻辑严密，便于阅读和理解。

（7）汇报交流。

在实训结束后，向导师或同学汇报实训成果，分享心得和体会。

通过交流讨论，进一步提高对金融科技业务领域的认识和理解。

项目小结

内容	关键知识点及技能	要求
金融科技的内涵	金融科技的概念、特征	掌握
金融科技发展	金融科技在国外及我国的发展	了解
国外金融科技监管	英国、美国、新加坡金融科技监管模式及主要法规	熟悉
我国金融科技监管	我国金融科技监管概况及主要法规	掌握

项目二 大数据金融监管

XIANG MU ER

学习目标

- 掌握大数据金融的内涵
- 熟悉大数据金融的应用场景
- 了解大数据金融业态发展
- 熟悉大数据金融监管体系

素养目标

- 加强大数据安全和个人信息保护意识，提升网络安全防护技能
- 提升维护国家网络安全和数据安全的自觉性和主动性

关键词

大数据金融、大数据金融监管

知识点导图

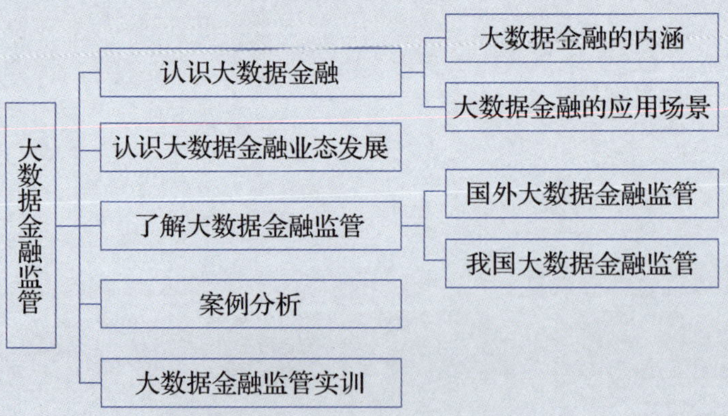

任务一　认识大数据金融

一、大数据金融的内涵

随着云计算、物联网、智慧城市、移动互联网等新技术及其应用的不断涌现，大数据在互联网金融领域的应用得到了突飞猛进的发展，主要表现在精确授信、风险控制、欺诈防控、动态定价、市场定位、收益管理、创新开发等方面，以满足客户多元化投资需求，推动普惠金融快速发展。例如支付宝的天弘基金、京东的京东金融等，都是在依托大数据分析与应用的基础上推出的大众化金融产品。在金融领域的方方面面，通过借助大数据，运用最新的信息技术，从根本上改变了传统金融的信息采集来源、风险定价模型、投资决策过程，大幅提升了金融效率、降低了风险。所以，利用大数据技术突破、革新、发展传统金融理论、金融技术和金融模式的大数据金融是一种全球性趋势。

大数据金融

动动手：请通过网络了解蚂蚁金服的业务板块。

（一）大数据金融的概念

大数据金融是指集合海量非结构化数据，并对其进行实时分析，为互联网金融机构提供客户的全方位信息，通过分析和挖掘客户的交易和消费信息，掌握客户的消费习惯，准确预测客户行为，使金融机构和金融服务平台在营销和风险控制方面有的放矢，开展资金融通，促进金融与其他行业的跨界整合，重构金融体系，提高金融效率，达到定位营销、改善产品、提高抵御风险能力的目标。

（二）大数据金融的主要特点

大数据金融的主要特点是纯线上服务，具体表现在互联网金融企业一般与客户没有直接接触，主要通过以下方式来收集客户数据：

（1）自身积累数据。自身积累数据主要包括客户在金融服务类网站的行为记录，如电商的交易日志、支付的流水记录，以及一切登录浏览等行为。

（2）通过各类线上线下的合作伙伴获取数据。例如行业黑名单、法院审判结果、第三方信用评估等，均是通过各类线上线下的合作伙伴获取的。

（3）通过爬虫协议从互联网上采集公开数据。所谓爬虫协议，其全称是“网络爬虫排除标准”，即网站通过该协议告诉搜索引擎哪些网页的页面可以抓取，哪些页面不能抓取。

（4）客户授权从其他系统获得数据。例如客户的信用报告、联系人、工资单、银行流水、电商记录、信用卡流水、通话记录等，都可在客户授权的前提下从其他系统获得。这些信息单独存在的价值不大，但当它们汇聚成海量信息，成为大数据时，经过数据采集、清洗、分析、建模、机器学习等一系列步骤，就可以建立集中式大数据服务平台。

动动手：打开支付宝，查看自己的芝麻信用是多少分。如何积累芝麻信用？

大数据的特征及大数据金融概况

（三）大数据金融的优势

大数据金融具有传统金融难以比拟的优势。

（1）建立在大数据金融基础上的决策更科学。大数据提供了全新的沟通渠道和营销手段，借助大数据，金融机构可以更好地了解客户的消费习惯和行为特征，了解客户需求，增强客户黏性，可以及时、准确地把握市场营销效果，有效地降低金融风险，尤其是降低不良贷款率。

（2）大数据技术能够降低金融机构的管理和运行成本。通过大数据金融的征信系统实现信用管理的创新，能够有效降低坏账率，扩大服务范围，增加对小微企业的融资比例，在降低运营成本和服务成本的基础上实现规模经济。

（3）大数据技术有助于增强风险控制能力。应用大数据技术，金融机构可以摈弃原来过度依靠客户提供财务报表获取信息的业务方式，转而对其资产价格、账务流水、相关业务活动等流动性数据进行动态和全程的监控分析，积极开展数据挖掘和风险量化分析，从而有效地提升客户信息透明度，对客户行为进行全方位评价，计算动态违约概率和损失率，提高贷款决策的可靠性。

(4)大数据金融的发展对促进金融包容具有重要意义。大数据金融为大众创业打开了大门，尤其在满足小微企业、中低收入阶层投融资需求，提高金融服务质量和效率，引导民间金融走向规范化，扩大金融业对内对外开放等方面，可以发挥其独特功能和作用。

(5)大数据带来的思维和技术变革有利于万众创新。大数据已经成为引领未来创新的不二动力，可以提供创新的金融产品，加强各类金融基础信息的保障能力，从而由精英创新走向万众创新。

(6)大数据金融生态系统已经成为影响社会成员金融利益关系的重要条件。越来越多的社会成员可以通过大数据与互联网技术催生的大数据金融生态系统，方便地从事金融交易及其相关的社会活动，由此形成基于大数据和互联网的超大规模社会博弈活动，成为推动金融市场交易与全球货币金融体系演变的关键变量。

二、大数据金融的应用场景

金融行业一直较为重视大数据技术的发展。相比常规的商业分析手段，大数据可以使业务决策具有前瞻性，让企业战略的制定过程更加理性化，实现生产资源优化分配，依据市场变化迅速调整业务策略，提高用户体验以及资金周转率，降低库存积压的风险，从而获取更高的利润。

当前，大数据在金融行业的典型应用场景主要包括在银行业、保险业、证券业以及互联网金融行业等的应用。

想一想：你所熟悉的大数据金融涉及的应用场景还有哪些？

（一）大数据在银行业的应用场景

国内不少银行已经开始尝试通过大数据来驱动业务运营，如中信银行信用卡中心使用大数据技术实现了实时营销，光大银行建立了社交网络信息数据库，招商银行则利用大数据发展小微贷款。总的来看，银行大数据应用可以分为四大方面：

1. 客户画像

客户画像主要分为个人客户画像和企业客户画像。个人客户画像包括人口统计学特征、消费能力数据、兴趣数据、风险偏好等；企业客户画像包括企业的生产、流通、运营、财务、销售和客户数据及相关产业链上下游等数据。银行不仅要考虑银行自身业务所采集到的数据，更应考虑整合外部更多的数据，包括客户在社交媒体上的行为数据，客户在电商网站的交易数据，企业客户的产业链上下游数据，其他有利于扩展银行对客户兴趣爱好的数据，以扩展对客户的了解，从而进行更为精准的营销和管理。

2. 精准营销

（1）实时营销。实时营销是根据客户的实时状态来进行营销，比如根据客户当时的所在地、客户最近一次消费等信息来有针对性地进行营销；或者将改变生活状态的事件（换工作、改变婚姻状况、置居等）视为营销机会。

（2）交叉营销。交叉营销是指不同业务或产品的交叉推荐，如银行可以根据客户交易记录分析，有效地识别小微企业客户，然后用远程银行来实施交叉销售。

（3）个性化推荐。银行可以根据客户的特征进行服务或者银行产品的个性化推荐，如根据客户的年龄、资产规模、理财偏好等，对客户群进行精准定位，分析出其潜在的金融服务需求，进而有针对性地进行营销推广。

（4）客户生命周期管理。客户生命周期管理包括新客户获取、客户防流失和客户赢回等。如招商银行通过构建客户流失预警模型，对流失率等级前20%的客户发售高收益理财产品予以挽留，使得金卡和金葵花卡客户流失率分别降低了15个和7个百分点。

3. 风险管控

（1）中小企业贷款风险评估。银行可通过企业的生产、流通、销售、财务等相关信息结合大数据挖掘方法进行贷款风险分析，量化企业的信用额度，更有效地开展中小企业贷款。

（2）实时欺诈交易识别和反洗钱分析。银行可以利用持卡人基本信息、卡基本信息、交易历史、客户历史行为模式、正在发生行为模式（如转账）等，结合智能规则引擎（如从一个不经常出现的国家为一个特有用户转账或从一个不熟悉的位置进行在线交易）进行实时的交易反欺诈分析。如IBM金融犯罪管理解决方案帮助银行利用大数据有效地预防与管理金融犯罪，摩根大通银行则利用大数据技术追踪盗取客户账号或侵入自动柜员机（ATM）系统的罪犯。

4. 运营优化

（1）市场和渠道分析优化。通过大数据，银行可以监控不同市场推广渠道尤其是网络渠道推广的质量，从而进行合作渠道的调整和优化。同时，也可以分析哪些渠道更适合推广哪类银行产品或者服务，从而进行渠道推广策略的优化。

（2）产品和服务优化。银行可以将客户行为转化为信息流，并从中分析客户的个性特征和风险偏好，更深层次地理解客户的习惯，智能化分析和预测客户需求，从而进行产品创新和服务优化。如兴业银行对大数据进行初步分析，通过对还款数据挖掘比较区分优质客户，根据客户还款数额的差别，提供差异化的金融产品和服务方式。

（3）舆情分析。银行可以通过爬虫技术，抓取社区、论坛和微博上关于银行以及银行产品和服务的相关信息，并通过自然语言处理技术进行正负面判断，尤其是及时掌握银行以及银行产品和服务的负面信息，及时发现和处理问题；对于正面信息，可以加以总结并继续强化。同时，银行也可以抓取同行业的其他银行正负面信息，及时了解同行做得好的方面，作为自身业务优化的借鉴。

（二）大数据在保险业的应用场景

随着互联网、移动互联网以及大数据的发展，网络营销、移动营销和个性化的电话销售的作用将会日趋显现，越来越多的保险公司注意到大数据在保险业中的作用。保险行业的大数据应用可以分为三大方面：客户细分及精细化营销、欺诈行为分析和精细化运营。

1. 客户细分及精细化营销

（1）客户细分和差异化服务。风险偏好是确定保险需求的关键。风险喜好者、风险中立者和风险厌恶者对于保险需求有不同的态度。一般来讲，风险厌恶者有更大的保险需求。在进行客户细分的时候，除了风险偏好数据外，保险公司要结合客户职业、爱好、习惯、家庭结构、消费方式偏好数据，利用机器学习算法来对客户进行分类，并针对不同类别的客户提供不同的产品和服务策略。

（2）潜在客户挖掘及流失用户预测。保险公司可通过大数据整合客户线上和线下的相关行为；通过数据挖掘手段对潜在客户进行分类，细化销售重点；通过大数据进行挖掘，综合考虑客户的信息、险种信息、既往出险情况、销售人员信息等，筛选出影响客户退保或续期的关键因素，并通过这些因素和建立的模型，对客户的退保概率或续期概率进行估计，找出高风险流失客户，及时预警，制定挽留策略，提高保单续保率。

（3）客户关联销售。保险公司可以利用关联规则找出最佳险种销售组合，利用时序规则找出顾客生命周期中购买保险的时间顺序，把握保户提高保额的时机，建立既有保户再销售清单与规则，从而促进保单的销售。除了这些做法以外，借助大数据，保险公司可以直接锁定客户需求。以淘宝运费险为例，据统计，淘宝用户运费险索赔率在50%以上，该产品给保险公司带来的利润只有5%左右，但是有很多保险公司都愿意提供这种保险。因为客户购买运费险后保险公司就可以获得该客户的个人基本信息，包括手机号和银行账户信息等，并能够了解该客户购买的产品信息，从而实现精准推送。假设该客户购买并退货的是婴儿奶粉，那么就可以估计该客户家里有小孩，可以向其推荐关于儿童疾病险、教育险等利润率更高的产品。

（4）客户精准营销。在网络营销领域，保险公司可以通过收集互联网用户的各类数据，如地域分布等属性数据，搜索关键词等即时数据，购物行为、浏览行为等行为数据，以及兴趣爱好、人脉关系等社交数据，在广告推送中实现地域定向、需求定向、偏好定向、关系定向等定向方式，实现精准营销。

2. 欺诈行为分析

保险公司可以基于企业内外部交易和历史数据，实时或准实时预测和分析欺诈等非法行为，包括医疗保险欺诈与滥用分析以及车险欺诈分析等。

（1）医疗保险欺诈与滥用分析。医疗保险欺诈与滥用通常可分为两种：一种是非法骗取保险金，即保险欺诈；另一种则是在保额限度内重复就医、浮报理赔金额等，即医疗保险滥用。保险公司能够利用过去的数据，寻找影响保险欺诈最为显著的因素及这些因素的取值区间，建立预测模型，并通过自动化计分功能，快速将理赔案件依照滥用与欺诈可能性进行分类处理。

（2）车险欺诈分析。保险公司能够利用过去的欺诈事件建立预测模型，将理赔申请分级处理，从而在很大程度上解决车险欺诈问题，包括车险理赔申请欺诈侦测、业务员及修车厂勾结欺诈侦测等。

3. 精细化运营

（1）产品优化，保单个性化。过去，在没有精细化的数据分析和挖掘的情况下，保险公司把很多人都放在同一风险水平之上，客户的保单并没有完全解决客户的各种风险问题。现在，保险公司可以通过自有数据以及客户在社交网络上的数据，解决现有的风险控制问题，为客户制定个性化的保单，获得更准确以及更高利润率的保单模型，给每一位客户提供个性化的解决方案。

（2）运营分析。保险公司可以基于企业内外部运营、管理和交互数据分析，借助大数据平台，全方位统计和预测企业经营和管理绩效；基于保险保单和客户交互数据进行建模，借助大数据平台快速分析和预测新的市场风险、操作风险等。

（3）代理人员（保险销售人员）甄选。保险公司可以根据代理人员（保险销售人员）业绩数据、性别、年龄、入司前工作年限、其他保险公司经验和代理人员思维性向测试等，找出销售业绩相对较好的销售人员的特征，优选高潜力销售人员。

（三）大数据在证券业的应用场景

券商对于大数据的研究与应用正处于起步阶段，相对于银行和保险业，证券行业的大数据应用起步相对较晚。但券商已意识到大数据的重要性。国内外证券行业的大数据应用大致有以下三个方向：

1. 股价预测

2011 年 5 月英国对冲基金 Derwent Capital Markets 开始通过分析 Twitter（推特）的数据内容来感知市场情绪，从而指导投资行为。他们利用麻省理工学院学者的研究成果，根据情绪词将 Twitter 内容标定为正面情绪或负面情绪，如“希望”为正面情绪，“害怕”“担心”为负面情绪。正面情绪或负面情绪占总 Twitter 内容数的比例，可预示道琼斯指数、标准普尔 500 指数、纳斯达克指数的上涨或下跌。采用此方法后，该基金在当月的交易中获得 1.85％的收益率，而同期其他对冲基金的收益率只有 0.76％。

美国佩斯大学的一位博士也采用类似方法进行研究。他追踪了星巴克、可口可乐和耐克三家公司在社交媒体上的受欢迎程度，同时比较它们的股价。他发现，Facebook（脸书）上的粉丝数、Twitter 上的听众数和 YouTube（油管）上的观看人数都和股价密切相关。另外，品牌的受欢迎程度还能预测股价在 10 天、30 天之后的变化情况。

2. 客户关系管理

（1）客户细分。通过分析客户的账户状态（类型、生命周期、投资时间）、账户价值（资产峰值、资产均值、交易量、佣金贡献和成本等）、交易习惯（周转率、市场关注度、仓位、平均持股市值、平均持股时间、单笔交易均值和日均成交量等）、投资偏好（偏好品种、下单渠道和是否申购）以及投资收益（本期相对和绝对收益、今年相对和绝对收益等），进行客户聚类和细分，从而发现客户交易模式类型，找出最有价值和盈利潜力的客户群，以及他们最需要的服务，更好地配置资源和政策，改进服务，抓住最有价值的客户。

（2）客户流失预测。券商可根据客户历史交易行为和流失情况来建模，从而预测客户流失的概率。如 2012 年海通证券自主开发的“基于数据挖掘算法的证券客户行为特征分析技术”，主要应用在客户深度画像以及基于画像的用户流失概率预测，通过客户行为的量化分析，来测算客户将来可能流失的概率。

3. 投资景气指数

2012 年，国泰君安推出了“个人投资者投资景气指数”（简称 3I 指数），通过一个独特的视角传递个人投资者对市场的预期、当期的风险偏好等信息。3I 指数是国泰君安研究所对海量个人投资者样本进行持续性跟踪监测，对账本投资收益率、持仓率、资金流动情况等一系列指标进行统计、加权汇总后得到的综合性投资景气指数。3I 指数通过对海量个人投资者真实投资交易信息的深入挖掘分析，了解个人投资者交易行为的变化、投资信心的状态与发展趋势、对市场的预期以及当前的风险偏好等信息。从实验数据看，3I 指数的涨跌波动与上证指数走势拟合度相当高。

（四）大数据在互联网金融行业的应用场景

1. 运用大数据建立风控体系

在互联网金融各项业务模式中，大数据应用非常广泛，逐渐成为风险控制强有力的手段。尤其是个体网络借贷和网络小额贷款等业务模式，由于其主要服务对象是小微型企业和个体经营者，而这些贷款客户缺乏足够的信贷历史记录，因此难以分析其信用情况，这就需要在贷款业务中建立起有效的信用评价体系，弥补客户信用信息的缺乏，从而促进互联网小额贷款业务的开展。借助大数据和云计算，通过收集客户的个人信息（包括年龄、职业、收入水平、受教育水平等）以及行为信息（包括信贷数据、还款记录、社交数据、消费行为等），对客户信用做出全面的分析和评判。例如芝麻信用，通过收集从阿里巴巴得到的电商数据、蚂蚁金服得到的金融数据以及客户自主提供的信息等，对客户的个人信息、兴趣偏好、支付资金、人脉关系、黑名单信息、行为信息和外部应用等信息进行多角度多维度的分析和评估，通过复杂模型综合计算得出客户的芝麻信用分，作为金融信贷的依据，以此建立有效的信用风险评估体系，降低互联网金融业务中的风险。

2. 利用大数据进行产品设计

大数据通过分析互联网平台承载的海量信息，运用复杂的云计算等手段，分析市场需求，针对数据分析结论，设计迎合市场整体趋势的产品。另外，还可以针对某些特定空间或特定时间的信息特征，了解细分市场动态，从而设计出有空间和时间特征的金融产品。如链家金融，利用自身房地产中介业务的优势以及客户基础获取数据，通过大数据分析在互联网金融领域先后推出了租金分期付款、按揭贷款、装修贷款等业务。

3. 利用大数据实现精准营销

互联网金融借助于互联网平台所拥有的庞大用户群体，充分挖掘其海量数据，通过分析各类数据之间的内在联系，预测出用户对产品和服务的需要，从而对其进行更为精确的业务推荐，提高用户转化率，实现互联网金融精准营销。互联网金融精准营销关键点就在于寻找目标用户，而此过程所依托的即大数据收集和分析。例如国内首家互联网保险公司——众安在线财产保险股份有限公司，由蚂蚁金服、腾讯、中国平安等国内知名企业发起设立，并于 2013 年 9 月 29 日获中国保监会同意开业批复。它所开发的业务并不局限于传统保险业务中的人寿保险、意外险、财产损失保险等，而是基于大数据分析客户需求后，开发更加灵活、有针对性的多样化、个性化的保险产品，例如 37 摄氏度高温险、小米手机意外保障计划、美团食品安全责任保险、轮胎意外保等。可以看到，其产品正是借助互联网大数据库，通过分析不同地域、不同年龄段、不同收入群体的特别需求，确定目标客户群体，因此在营销过程中，避免了保险公司广泛寻找客户的资源浪费，同时又使消费者可以办理更具有针对性的保险业务，很好地利用了大数据技术，实现了互联网金融精准营销。

任务二　认识大数据金融业态发展

21 世纪以来，学术界涌现出一批关于大数据与金融之间联系的研究成果。例如 2010 年，美国印第安纳大学的一项研究成果表明，传统的关于投资者情绪的调查数据是金融市场的滞后指标，即利用传统的投资者情绪指标无法预测股票市场的涨跌变化，而利用大数据来预测股市的变化是可行的。这是大数据应用于金融的起点。

在大数据和互联网＋时代，大数据金融是在经济活动金融化、金融活动数据化、金融数据网络化、网络全球化、全球经济金融一体化驱动下形成和发展的，如图 2－1 所示。驱动大数据金融形成和发展的各种因素之间存在密切的相互影响关系，例如，经济活动金融化的一个直接后果便是金融活动数据化，金融活动数据化推动着金融数据网络化，金融数据网络化发展推动着网络全球化进程，而网络全球化又是全球经济金融一体化的重要内容和推动力量。

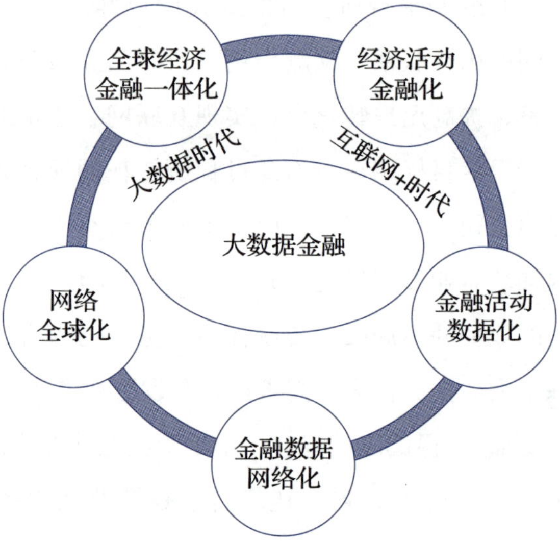

图 2－1　大数据金融发展的主要驱动因素

我国大数据金融首先是在金融信息化大背景下升级和提升的。然而，传统的信息化已经不能适应新时代的需求，大数据和互联网＋以及上述各种驱动因素带来的冲击加快了大数据金融的构建速度。如今已并非简单的“在互联网上做金融”，而是通过借助大数据、运用最新的信息技术，在金融领域的方方面面从根本上改变了传统金融的信息采集来源、风险定价模型、投资决策过程，大幅提升了金融效率，降低了风险。

任务三　了解大数据金融监管

金融大数据虽然蕴藏着巨大的价值，并给金融的发展提供了巨大的机遇，但是随之而来的挑战也异常艰巨，尤其是大数据金融的安全问题，包括近年来广受关注的个人信息保护与共享的有效监管，以及征信等问题，是我们在享受大数据时代带来便利的同时所无法忽视和回避的难题。如果对大数据金融安全问题监管治理不当，将会产生诸多问题，小到对个人生活带来影响，对金融业造成威胁，大到危及社会稳定、国家安全等。如何采取法律措施监管大数据金融的安全问题，构建大数据金融的安全法律保障机制，已成为当前国内外亟待解决的重要问题。

信息采集要合法

一、国外大数据金融监管

从 20 世纪 90 年代互联网的商业化大规模发展开始，世界各国纷纷探索建立与大数据金融安全相关的监管构架，尤其是个人数据保护与共享的监管。目前世界上不少国家拥有自己的大数据金融安全监管法律，各国大数据金融安全监管的法律规定遵循着许多相似的原则，但在监管模式或某些细节规定方面仍存在许多不同。

（一）欧盟大数据金融监管

2018 年 5 月，欧盟发布实施了《通用数据保护条例》（General Data Protection Regulation，GDPR），号称史上最严的数据保护法案，内容主要针对近年来用户隐私泄露造成的一系列问题，要求对欧盟所有成员国个人信息进行收集、存储、处理及转移等活动时，应按照要求采取技术和管理手段对个人敏感隐私数据进行保护。该法案的实施使得过去一些人们习以为常的隐私侵权做法不再合法，一些国际巨头公司如 Facebook 和 Google（谷歌）等遭到了举报和投诉，成为 GDPR 法案的第一批被告。该法案规定，对违法企业的罚金最高可达 2 000 万欧元或者其全球营业额的 4%，以高者为准。GDPR 的出台意味着人们对于数据安全的重视正在不断升级。《数字运营弹性法案》（The Digital Operational Resilience Act，简称《DORA 法案》）于 2022 年 12 月正式发布，为金融行业实体应采取的网络安全措施提出了具体要求，并就风险事件管理和报告要求做了进一步明确。该法案适用于金融行业的各个细分领域，如支付机构、电子货币机构、交易所等，并对为前述机构提供信息通信服务的第三方技术提供商提出了规制要求。

（二）美国个人数据监管

美国对个人数据安全监管的模式与欧盟存在明显差异，美国重视行业自律，同时，个人数据安全相关的单项法律的制定也紧随时代脚步。在大数据环境下，2012 年 2 月美国颁布了《消费者隐私权法案》，以此约束企业，保护网络用户的个人数据安全。除了以网络经营者为监管对象之外，美国还立法以政府公共机构为监管对象。美国《联邦隐私权法》的监管对象主要是联邦政府和公共机构，规定其在收集和处理公民个人数据时应遵循的原则。之后，《美国法典》将《联邦隐私权法》纳入体系内，标志着美国正式将个人数据安全中对政府公共机构的监管提升到了基本法范畴。此外，2012 年 3 月美国白宫科技政策办公室发布了《大数据研究和发展计划》，规定开放政府数据是国家大数据战略的根基和最为重要的一环。美国的个人数据安全监管将政府监管和自律监管相结合，并以政府公共机构为监管对象之一，这种模式具有借鉴意义。美国针对网络安全问题制定了一系列法规，如《网络安全信息共享法案》等，要求金融机构加强网络安全防护，及时报告重大网络安全事件，并保护客户信息的机密性、完整性和可用性。

（三）日本大数据金融监管

在采取法律措施方面，日本大数据金融监管模式的特点是：国家立法、部门条例和地方规定三者结合。该模式与欧盟、美国均不相同。究其原因，在于日本的大数据金融立法起步较晚，立法之初已分别借鉴了欧美的立法方式和大数据金融安全监管模式，可以综合欧美的长处。日本 2020 年 5 月 1 日生效的《金融工具和交易法》（Financial Instruments and Exchange Act，FIEA）是监管金融科技行业的主要法规，其中也包括对大数据在金融领域应用的监管。日本 2003 年制定了《个人信息保护法》，2015 年进行了重大修改（2017 年 5 月修正案正式实施），对个人信息保护实施了全方位的规范。还制定了《行政机关所持有之个人信息保护法》《独立行政法人等所持有之个人信息保护法》《信息公开与个人信息保护审查会设置法》等一系列配套法律加强对个人信用信息的保护。

二、我国大数据金融监管

大数据金融
法律法规

近年来，我国高度重视对信息安全的监管，包括对大数据金融信息安全的监管。在采取法律措施方面，主要以制定相关的法律法规、根据国内大数据金融发展的需要修订现有法律法规、制定金融业自律规章等三种形式监管大数据金融的安全。我国与大数据金融相关的主要法律法规如表 2－1 所示。

表 2－1　我国与大数据金融相关的主要法律法规

法律法规名称	颁布主体	颁布时间	实施时间
《全国人民代表大会常务委员会关于维护互联网安全的决定》（2011 年修订）	全国人民代表大会常务委员会	2000 年 12 月 28 日	2000 年 12 月 28 日
《中华人民共和国网络安全法》	全国人民代表大会常务委员会	2016 年 11 月 7 日	2017 年 6 月 1 日
《互联网信息服务管理办法》（2011 年修订）	国务院	2000 年 9 月 25 日	2000 年 9 月 25 日
《政府信息公开条例》（2019 年修订）	国务院	2007 年 4 月 5 日	2008 年 5 月 1 日
《征信业管理条例》	国务院	2013 年 1 月 21 日	2013 年 3 月 15 日
《征信机构管理办法》	中国人民银行	2013 年 11 月 15 日	2013 年 12 月 20 日
《征信机构监管指引》	中国人民银行	2015 年 10 月 26 日	2015 年 10 月 26 日
《征信业务管理办法》	中国人民银行	2021 年 9 月 27 日	2022 年 1 月 1 日
《最高人民法院关于审理侵害信息网络传播权民事纠纷案件适用法律若干问题的规定》（2020 年修正）	最高人民法院	2012 年 12 月 17 日	2013 年 1 月 1 日
《最高人民法院、最高人民检察院关于办理侵犯公民个人信息刑事案件适用法律若干问题的解释》	最高人民法院 最高人民检察院	2017 年 5 月 8 日	2017 年 6 月 1 日
《个人信用信息基础数据库管理暂行办法》	中国人民银行	2005 年 8 月 18 日	2005 年 10 月 1 日

续表

法律法规名称	颁布主体	颁布时间	实施时间
《人民银行关于银行业金融机构做好个人金融信息保护工作的通知》	中国人民银行	2011 年 1 月 21 日	2011 年 5 月 1 日
《中国人民银行关于金融机构进一步做好客户个人金融信息保护工作的通知》	中国人民银行	2012 年 3 月 27 日	2012 年 3 月 27 日
《关于促进互联网金融健康发展的指导意见》	中国人民银行等十部委	2015 年 7 月 18 日	2015 年 7 月 18 日
《电信和互联网用户个人信息保护规定》	工业和信息化部	2013 年 7 月 16 日	2013 年 9 月 1 日
《金融信用信息基础数据库用户管理规范》	中国人民银行	2014 年 11 月 2 日	2014 年 11 月 2 日
《互联网新闻信息服务管理规定》	国家互联网信息办公室	2017 年 5 月 2 日	2017 年 6 月 1 日
《互联网群组信息服务管理规定》	国家互联网信息办公室	2017 年 9 月 7 日	2017 年 10 月 8 日
《中国银保监会监管数据安全管理办法（试行）》	中国银保监会	2020 年 9 月 23 日	2020 年 9 月 23 日

（一）《网络安全法》

《网络安全法》是我国网络安全管理的基础性法律。该法的施行在我国网络安全历史上具有里程碑意义，其具体作用主要表现在以下几方面：

1. 主要规定

（1）保护个人信息。

随着信息处理和存储技术的不断发展，个人信息滥用问题日趋严重，社会对个人信息保护立法的需求越来越迫切。《网络安全法》以基础性法律的形式统一了个人信息的定义和范围，建立健全了个人信息保护制度。例如，鉴于目前非法获取的公民个人信息已使受侵害的人员涉及各行各业，《网络安全法》第 44 条规定：任何个人和组织不得窃取或者以其他非法方式获取个人信息，不得非法出售或者非法向他人提供个人信息。鉴于目前各类网络诈骗的源头都是个人信息泄露，尤其是对于“精准诈骗”，信息泄露或被窃取，骗子可以将骗局设计精准，因此该法第 43 条规定：个人发现网络运营者违反法律、行政法规的规定或者双方的约定收集、使用其个人信息的，有权要求网络运营者删除其个人信息；发现网络运营者收集、存储的其个人信息有错误的，有权要求网络运营者予以更正。网络运营者应当采取措施予以删除或者更正。《网络安全法》还针对社会关注的个人信息泄露问题规定：网络产品、服务具有收集用户信息功能的，其提供者应当向用户明示并取得同意；网络运营者不得泄露、篡改、毁损其收集的个人信息；任何个人和组织不得窃取或者以其他非法方式获取个人信息，不得非法出售或者非法向他人提供个人信息。该法还确立了个人信息收集、使用的基本原则，即合法、正当、必要原则，目的限制原则，知情同意原则和安全保密原则等，并明确“不得收集与其提供的服务无关的个人信息”，厘清了收集个人信息的界限，为保护个人数据权利树立了边界。当发生或者可能发生个人信息泄露、毁损、丢失的情况时，要求网络运营者及时履行告知义务，以使用户知晓，增强用户对相关安全行为的警惕性，同时报告有关主管部门。该法明晰了网络运营商、关键信息基础设施运营者、网络产品及服务提供者等义务主体的责任，还规范了相关网络安全监管部门的责权范围，有助于在全社会形成保护个人数据安全的合力。将个人数据保护纳入《网络安全法》中，可谓其一大亮点。

想一想：大数据时代，我们该如何保护个人隐私？

（2）保护关键基础设施数据安全。

该法第三章第二节划定了关键信息基础设施的范围，分别从国家、行业、运营者三个维度划定了相关各方的职责与义务，国家网信部门负责总的统筹协调工作。

（3）监管数据跨境流动。

大数据时代数据跨境流动蓬勃发展，给数据安全带来潜在威胁。受“监控门”以及其中“棱镜项目”的影响，数据本地化风潮席卷全球，我国也是如此。《网络安全法》第 37 条规定：关键信息基础设施的运营者在中国境内运营中收集和产生的个人信息和重要数据应当在境内存储。因业务需要，确需向境外提供的，应当按照国家网信部门会同国务院有关部门制定的办法进行安全评估。可见，我国对数据跨境流动采取的是以境内存储为原则，安全评估后向境外传输为例外，还不至于像目前有的国家那样刚性禁止数据离境。

（4）建立和完善数据犯罪法律制度。

《网络安全法》的立法架构是：防御、控制与惩治三位一体。大数据时代，数据犯罪频频发生，给国家、社会和个人造成了极大的威胁和伤害。该法在总则中开宗明义地强调要依法惩治网络违法犯罪活动，具体内容在该法第 41 条等处有规定。在分则中，明令任何个人和组织不得从事侵入他人网络、干扰他人网络正常功能、窃取网络数据等危害网络安全的行为以及为该行为提供程序、工具、技术支持等帮助；不得设立用于实施诈骗，传授犯罪方法等违法犯罪活动的网站、通讯群组，不得利用网络发布涉及实施诈骗等违法犯罪活动的信息，并规定相应的法律责任；对攻击破坏我国关键信息基础设施的境外组织和个人亦制定相应的制裁措施。

2. 意义

从以上四方面的作用可以看出，在网络技术高度发展下，《网络安全法》实质上是与大数据安全监管密切相关的法律法规，因而也与大数据金融安全监管密切相关。该法在具体实施中还需处理好网络安全立法与执法、网络安全法律规定与技术标准、国内治理与参与国际规则谈判等三方面的关系。作为基础性法律，其功能更多注重的是为问题的解决提供指导思路，而不是具体解决所有的问题，具体问题的解决大多要依靠相配套的法律法规。该法为未来实施细则的制定预留了接口，以出台系列配套规定，包括相关下位法、更为详细的制度、具体行业的网络安全规划和网络安全标准体系等，系列配套的法律法规将与基础性法律有效衔接。

（二）《最高人民法院、最高人民检察院关于办理侵犯公民个人信息刑事案件适用法律若干问题的解释》

侵犯公民个人信息的犯罪不仅严重侵犯了公民个人信息安全，还往往与电信诈骗等其他犯罪密切关联，社会危害日益突出，同时也影响了大数据金融的发展，必须依法予以惩治。但是，在司法实践中，侵犯公民个人信息罪的具体定罪量刑标准尚不明确，一些法律适用问题存在争议，亟须通过司法解释予以明确。为依法惩治侵犯公民个人信息犯罪活动，保护公民个人信息安全和合法权益，最高人民法院和最高人民检察院联合公布了此司法解释，其中主要规定了以下三方面的内容：其一，公民个人信息的范围；其二，侵犯公民个人信息罪的定罪量刑标准；其三，侵犯公民个人信息犯罪所涉及的宽严相济、犯罪竞合（一个行为触犯了数个罪名）、单位犯罪等问题。

（三）其他监管法律法规

近年来，大数据金融为民众生活提供了便利，但随之而来的征信问题不可忽视。征信是当前大数据金融、金融科技中一个热点问题。因此，国务院于 2013 年 1 月颁布了行业框架性规范法规《征信业管理条例》，2013 年 11 月中国人民银行颁布了

《征信机构管理办法》，但两者均未包括针对个人征信平台业务的实施细则。2021年9月中国人民银行发布《征信业务管理办法》。该管理办法的出台，对于征信业的发展具有重要的作用。它明确了信用信息的定义及征信管理的边界，为市场主体适应数字时代征信产品和服务变革需求提供了明确的指导。同时，通过将征信替代数据应用纳入监管，强调从事征信业务需取得合法资质，有效解决了“无证驾驶”的问题，促进了市场的公平竞争，维护了国家金融稳定和金融安全。此外，该管理办法还鼓励市场主体增加征信基础设施投资，推动征信业务创新发展，进一步提升了征信业的市场化、法治化和科技化水平。

2021年8月20日，十三届全国人大常委会第三十次会议表决通过《中华人民共和国个人信息保护法》，自2021年11月1日起施行。《个人信息保护法》对金融机构处理个人信息提出了严格要求。金融机构在收集个人信息时，必须遵循合法、正当、必要的原则。在使用个人信息方面，金融机构需要获得客户的明确同意，并且要向客户充分说明信息使用的目的、方式和范围。如果要将个人信息共享给第三方，也必须事先征得客户的同意。同时，金融机构还需要采取必要的安全措施来保护个人信息。对于金融消费者来说，《个人信息保护法》赋予了他们更多的权利。消费者有权查询、复制自己的个人信息，也有权要求金融机构对错误或不准确的信息进行更正。如果金融机构违反《个人信息保护法》，消费者可以通过合法途径维护自己的权益。

任务四 案例分析

案例

“大众点评”诉“百度地图”不正当竞争一案

“大众点评”诉“百度地图”一案始于2016年初，“大众点评”的主办单位汉涛公司认为：“百度地图”和“百度知道”在搜索某一商户时，页面上显示的用户对该商户的评价信息大部分来自“大众点评”网，百度公司的这一行为构成不正当竞争，遂向上海市浦东新区人民法院起诉，请求法院判令百度公司停止侵害，要求赔偿“大众点评”经济损失 9 000 万元以及为制止不正当竞争行为所支付的费用 45 万元。

2016 年 5 月 26 日，浦东新区人民法院经审查对该案宣判：百度公司未经许可在“百度地图”和“百度知道”中大量使用了来自“大众点评”网的信息，实质性地替代了原告网站，具有不正当性。一审法院综合考虑了“百度地图”和“百度知道”两款产品的市场地位、百度公司使用信息的方式和范围、被控不正当竞争行为的持续时间以及汉涛公司获取点评信息的难易程度，据此判决百度公司对汉涛公司赔偿经济损失 300 万元及制止不正当竞争行为所支付的合理费用 23 万元，并停止侵害。百度公司不服，对一审法院认定“百度地图”侵权部分向上海知识产权法院提起上诉。上海知识产权法院经过二审，于 2017 年 8 月 30 日宣判维持一审原判。

法律链接：

百度公司在庭审中的申辩主要归纳为以下两点：一是“百度地图”的搜索引擎抓取信息未违反爬虫协议，这是国际通行的行业网站抓取惯例。百度公司认为：“百度地图”在抓取信息中标注了“大众点评”网的图文标识，指示了信息来源，属于对他人标识的合理使用，并无不当。而合作、共享的信息生态将给用户带来更多的福祉和便利，何况用户点评等信息不属于著作权法保护的作品。二是根据 1993 年 12 月 1 日起施行的《反不正当竞争法》所罗列的不正当竞争行为，百度公司与汉涛公司不具有直接的竞争关系，两公司的纠纷不应该受到《反不正当竞争法》的相关规制。

而法院的宣判主要归纳为以下两点：一是在大数据和互联网环境下，百度公司通过搜索技术抓取并大量原文展示来自“大众点评”网的信息，这种行为已经实质替代了“大众点评”网的相关服务，欲实现的积极效果与给“大众点评”网所造成的损失并不符合利益平衡的原则。百度公司在商业模式上的创新确实具有积极的效果，但是，汉涛公司对涉案信息的获取付出了巨大的劳动，具有可获得法律保护的权益，在此情况下应当对两者的利益进行一定平衡。二是在大数据和互联网环境下，若不加节制地允许市场主体任意使用或利用其他当事人通过巨大投入所获取的信息，则不仅损害了当事人的利益，也可能使得其他市场主体不愿再就信息的收集进行投入，不利于鼓励商业投入、产业创新和诚实经营，破坏了正常的产业生态，最终破坏了健康的竞争机制。百度公司的行为虽在一定程度上丰富了消费者的选择，但这并不意味着市场主体在使用他人所获取的信息时没有边界，在行为是否违反商业道德的判断上，要兼顾信息获取者、信息使用者和社会公众三方的利益，同时要考虑产业发展和互联网所具有的互联互通的特点。大量全文使用信息的行为已经超出必要的限度，损害了汉涛公司的利益，并破坏了公平竞争的市场秩序，其行为构成不正当竞争。

启示与建议：

随着互联网大数据的不断发展，《反不正当竞争法》第二章罗列的具体条款已无法完全涵盖现实中所有的不正当竞争行为。当前，利用互联网大数据进行的部分不正当竞争行为没有直接相关的法律法规条文可以对照，对未明确规定的不正当竞争行为执法困难。传统的反不正当竞争法单纯以行为类型化特征界定合法性边界的方法，在网络大数据环境下不宜适用。如果信息保护不足，则不仅会降低企业开发新信息的热情，还会扰乱互联网大数据市场的竞争秩序。在互联网大数据背景下，信息使用行为不当产生的类似案件不断增加，其中不少是应用爬虫协议而引起，针对这些案件，应该在司法实践中完善大数据的相关法律法规。

在大数据时代，决策将日益基于大数据的分析而做出，而并非基于经验和直觉，因此，规制互联网大数据不正当竞争行为很有必要。针对“大众点评”诉“百度地图”一案，需要修订从 1993 年开始施行的《反不正当竞争法》，增加互联网大数据不正当竞争行为条款，规定经营者不得利用大数据技术手段在互联网领域从事影响用户选择、干扰其他经营者正常经营的行为，包括未经同意，在其他经营者合法提供的网络产品或者服务中插入链接，强制进行目标跳转等行为。此外，针对互联网技术及商业模式发展变化快，以至于很难把可能出现的不正当竞争行为列举穷尽的实情，在修订《反不正当竞争法》时，还需要增加兜底条款和概括规定。这些内容均在2018年1月1日起施行的《反不正当竞争法》修订案中逐一体现。

除了修订相关法律法规，以增加其中个人信息保护条款之外，《个人信息保护法》也已出台，将更好地对个人信息进行保护。

上述形式构建保护个人信息的法律法规体系，将有利于大数据应用于金融领域。

任务五　大数据金融监管实训

1. 实训目标

通过本实训，让学生熟悉我国金融行业对个人信息保护的相关法律法规，培养学生保护个人信息的法律意识，不做侵犯他人个人信息的违法违规活动。

2. 实训要求

随着信息社会的发展，个人信息的法律保护问题日益凸显。我国于2021年8月20日通过《个人信息保护法》，自2021年11月1日起施行。请同学们查询、总结有关个人信息保护的法律法规。

3. 实训步骤

（1）登录“国家法律法规数据库”。

（2）查阅征信行业、银行业、网络贷款行业的相关法律法规。

（3）总结这三个行业的法律法规中有关对个人信息进行保护的条例。

项目小结

内容	关键知识点及技能	要求
大数据金融的内涵	大数据金融的概念、主要特点及优势	掌握
大数据金融的应用场景	大数据在银行业、保险业、证券业以及互联网金融行业的应用场景	熟悉

续表

内容	关键知识点及技能	要求
大数据金融业态发展	大数据金融在国外以及在我国的发展	了解
国外大数据金融监管	欧盟、美国以及日本的大数据金融监管	熟悉
我国大数据金融监管	《网络安全法》《最高人民法院、最高人民检察院关于办理侵犯公民个人信息刑事案件适用法律若干问题的解释》以及其他相关监管法规的主要规定及意义	掌握

项目三
XIANG MU SAN

智能投顾监管

学习目标

- 掌握智能投顾的内涵
- 熟悉智能投顾的运作流程
- 了解智能投顾业态发展
- 掌握智能投顾监管体系

素养目标

- 掌握我国出台的关于智能投顾的监管政策
- 能够参照现实案例分析某智能投顾产品的合规性

关键词

智能投顾、智能投顾监管

知识点导图

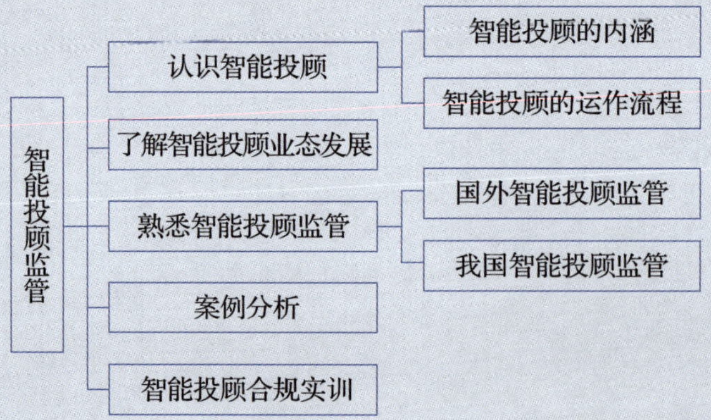

任务一　认识智能投顾

2016 年，金融科技成为金融领域的新宠，越来越多的企业开始采用技术手段改善金融体系的各个方面，其中人工智能对于传统金融行业的改变尤其引人注目。

一、智能投顾的内涵

（一）智能投顾的概念

智能投顾概述

美国证券交易委员会（SEC）（又称美国证监会）在 2017 年 2 月发布的《智能投顾监管指南》（Guidance Update：Robo-Advisers，以下简称《监管指南》）中，将智能投顾定义为“基于网络算法的程序、运用现代科技为客户提供全权委托的账户管理服务的注册投资顾问”。《2017 年中国智能投顾行业分析报告》中提到，智能投顾（robo-advisor）是人工智能发展至金融投资领域的成果，指利用互联网平台和人工智能（AI）技术提供投资顾问服务，辅助甚至替代传统人工投资顾问的服务模式。从业务模式上界定是指计算机通过线上问卷、大数据等手段获取投资者的年龄、资产状况、理财需求、风险承受水平、风险偏好及其变化规律等因素，基于哈里·马柯维茨（Harry Markowitz）的现代投资组合理论（MTP），运用计算机算法搭建数据模型，为用户构建最优资产投资组合，并能够在后期依托大数据平台对资产配置方案连续追踪的一种智能化投资顾问业务。

简而言之，智能投顾也被称作机器人投顾、智能理财、自动化理财等。它利用大数据分析、量化金融模型以及智能化算法，根据投资者的风险承受水平、预期收益目标以及投资风格偏好等要求，运用一系列智能算法、投资组合优化等理论模型，为客户提供投资参考，并监测市场动态，对资产配置进行自动再平衡，提高资产回报率，从而让投资者实现零基础、零成本、专家级动态资产投资配置。

（二）智能投顾运作模式

智能投顾系统的运作模式如图 3－1 所示。

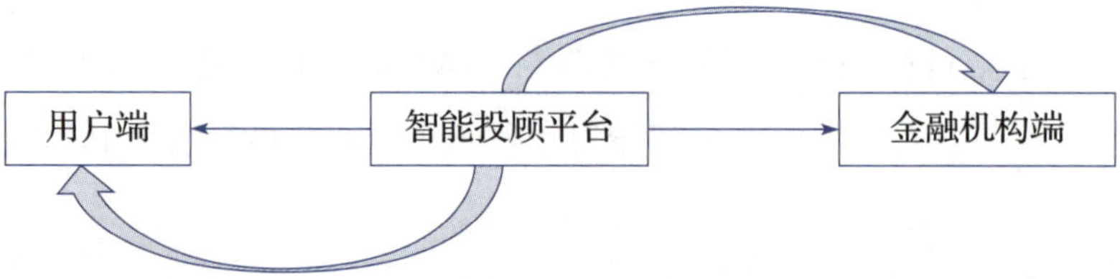

图 3－1　智能投顾系统的运作模式

目前，智能投顾按照其算法的个性化程度、对客户需求的满足程度以及金融产品交易的自动化程度，可分为以下三种模式：第一种模式的智能投顾是通过人工智能对金融数据进行分析，提供一般意义上的投资建议，不会因人而异，属于通用型智能投顾；第二种模式的智能投顾则会按照每一个投资人的资金情况、偏好、风险承受能力，给出个性化的投资建议，但不进行交易，具体的交易行为由投资人完成，属于个性化智能投顾；第三种模式是在前两种模式的基础上，由智能投顾平台代理投资人完成投资行为，甚至在未得到投资人指示的情况下自动进行交易，这种模式的智能投顾可以被认定为智能化自动交易。

按照自动化程度划分，目前国内市场的智能投顾可分为机器导向、以人为主、人机结合三种形式。其中在机器导向中，主要有两种模式，一是基于现代资产组合的资产大类配置模式，二是数据分析模式；以人为主中，主要包括主题投资模式和跟投模式；人机结合中，主要是线上引流线下的 O2O 模式。

传统投顾与智能投顾的区别如表 3－1 所示。

表 3－1　传统投顾与智能投顾的区别

比较项目	传统投顾	智能投顾
投资依据	理财经理个人能力	主要是现代投资理论等算法
资产类型	定期类，股票、基金、定增等	ETF 基金、定期类等
执行效率	中	高

续表

比较项目	传统投顾	智能投顾
投资结果	个体差异较大，暂时无法衡量	为客户提供更精准的推荐
优势	非标类资产更丰富，可以更详细了解客户的定制化需求	智能化投资效率高，受主观影响小
劣势	门槛较高，销售导向偏多，不同理财师能力差异很大，效率偏低	定制化相对较少，目前模型效果并无显著优势

动动手：请通过网络比较几家熟悉的智能投顾公司的不同运行模式。

（三）智能投顾的特征

相对于传统投顾模式，智能投顾具有以下优势：

1. 高度自动化

智能投顾采用机器算法，利用大数据服务多数人，主要为固定成本支出，用户群体越大，均摊成本越小。智能投顾系统通过多层神经网络不间断采集重要经济数据指标、影响投资的因素等，让智能投顾系统不断进行学习；利用先进的自动化算法为客户进行资产组合，较之传统投顾更为公正，不会因为人为逐利等因素误导客户操作。同时，智能投顾固定的阈值设置可以在投资达到止盈、止损值时自动操作，减轻了人工干预的非理性因素。

2. 普惠大众

面向普通投资者的智能投顾业务可以利用大数据为投资者定制个性化投资方案，并辅助持续追踪平衡资产，有助于逐步培养投资者的理性投资理念和正确的风险管理意识。

3. 费用低

传统人工投顾提供服务的成本比较高，服务对象主要是高净值客户。而互联网和计算机技术的发展大幅降低了理财服务的成本，智能投顾的智能化特征可以实现批量用户的定制化方案，使得其提供投资服务的成本显著降低，进而使其向投资者收取的服务费用降低，目前智能投顾管理费普遍为0.25％～0.5％。低廉的投顾费用可以惠及长尾客户，扩大智能投顾的受众范围。在中国的A股市场，散户投资者占据主导地位，但对于普通散户投资者的投资顾问服务却少之又少，因而低门槛且费用低廉的智能投顾在我国具有良好的发展土壤，是对普惠金融理念的良好践行。

动动手：请通过网络搜索比较智能投顾与公募基金、私募基金的费用率。

4. 智能决策

智能投顾的算法以投资组合理论、资本资产定价模型、Black-Litterman 模型、机器学习技术等为基础，根据投资组合理论中的风险分散原则，采取多元投资方式分散投资、降低风险；运用资本资产定价模型进行资产定价分析，发现被低估或高估的资产，并使用 beta 策略以对冲系统性风险；运用 Black-Litterman 模型，根据全球金融市场数据来计算收益预期值，使用投资者的实际交易数据来构建基于全球市场的资产配置模型，确保其投资建议与全球投资者的整体投资方向基本一致；运用机器学习技术，对大量投资者的投资行为数据进行分析，为客户提供合理的投资建议。

5. 透明度高

投资的产品均是市场标准化产品，由机器人严格执行事先设定好的策略，不受理财经理个人能力影响。

想一想：智能投顾是否存在风险？存在哪些方面的风险？如何规避这些风险？

二、智能投顾的运作流程

根据美国金融业监管局（FINRA）2016 年 3 月提出的标准，智能投顾服务形式包括客户分析、大类资产配置、投资组合选择、交易执行、投资组合再平衡、税收规划、投资组合分析。其数字化资产配置过程如图 3－2 所示。

图 3－2　数字化资产配置过程

各种智能投顾的业务表现形式可能不尽相同，但一般具有相似化的服务流程：

（1）通过调查问卷收集用户风险偏好。

（2）通过算法或专家观点筛选可投资资产池（主要是各大类资产的 ETF）。

（3）基于马柯维茨的现代投资组合理论，辅以其他的一些模型，生成用户的投资组合。

（4）定期回测，优化组合比例，引导用户调仓或自动帮助调仓。

任务二 了解智能投顾业态发展

一、美国智能投顾发展情况

（一）行业整体情况

在美国，以 Wealthfront、Betterment、FutureAdvisor 与嘉信 SIP 为代表的智能投顾公司不断涌现，在具体运营模式上各有千秋。自 2010 年第一个机器人顾问问世以来，这一领域发展极为显著。德勤的报告显示，预计到 2025 年，机器人顾问管理的资产将超过 16 万亿美元。而从实际数据来看，智能投顾管理的资产规模从过去到现在有了飞跃式增长，2012—2015 年，机器人管理的资产就已从几乎为零迅速增加至 187 亿美元。到 2020 年，这一数值增长至 1.1 万亿美元。2022 年美国在全球智能投顾市场占据最大份额，为 68.34%。而到 2023 年，智能投顾服务的市场规模更是从 2022 年的 282.4 亿美元跃升至 415.2 亿美元，年复合增长率高达 47.0%。智能投顾在美国持续发展，越来越多的机构采用“人机结合”模式，将传统投顾服务与智能投顾相结合，以满足不同客户需求。

（二）主要公司发展现状

领航（Vanguard）、嘉信理财（CharlesSchwab）、富达（Fidelity）、贝莱德（BlackRock）、瑞银集团（UBS）这些传统金融巨头凭借雄厚的资金、广泛的客户基础和丰富的产品线，在智能投顾领域持续拓展，将智能投顾服务与传统金融业务融合。如贝莱德的 Aladdin 系统为机构客户提供综合投资管理解决方案。而 Betterment、Wealthfront、SigFig、PersonalCapital、Mint 等创新型平台不断在算法优化、客户体验个性化、降低成本等方面发力。例如 Mint 不仅提供智能投顾服务，还整合个人财务管理功能，帮助用户全面管理收支与投资。

据报道，截至 2022 年 1 月，Wealthfront 管理的资产规模超过 270 亿美元，且在美国拥有超过 47 万名客户。2023 年其管理客户资产继续增长，公司预计收入增长超 140%。Wealthfront 主要经营操作流程如图 3－3 所示。截至 2025 年，领航管理着超过 10 万亿美元的资产，其交易所交易基金（ETF）产品线 2025 年迄今已吸收近 1 170 亿美元资金流入，在所有 ETF 发行人中资金流入最多。嘉信理财是一家领先的金融服务提供商，不断发展智能投顾业务，为客户提供智能化的投资服务。

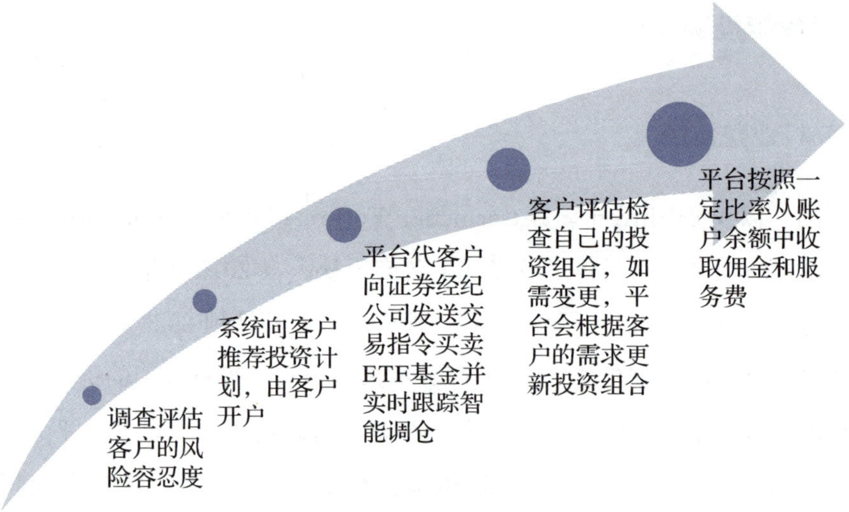

图 3－3　Wealthfront 主要经营操作流程

二、我国智能投顾发展情况

国内市场方面，受互联网理财、大资产管理的推动，社会大众理财意识和理财需求逐渐加强。2015—2016 年智能投顾行业发展势头强劲，创业公司、资本机构纷纷入场。但由于监管以及市场尚未完全成熟等因素的影响，2017 年大多公司从面向个人客户（2C）逐渐转向面向企业客户（2B）业务。目前，我国智能投顾行业正在经历从卖方销售转型到买方投顾阶段，未来财富管理模式可能会采取分工合作的方式，逐步分化为 2B、2C 以及 2A 三种类型，有望形成全方位的业务生态。

我国智能投顾市场规模已从早期的基础规模，增长至 2023 年突破 1 000 亿元人民币。金融科技的普及、投资者需求的增长，以及监管政策的不断完善和金融科技的持续创新，为智能投顾行业营造了良好的发展环境，预计未来几年我国智能投顾市场将保持20%以上的年增长率。

我国智能投顾行业不断发展，各类平台持续探索创新。例如，一些第三方财富管理机构继续优化以海外ETF作为全球配置投资组合的智能投顾产品；证券、保险、银行等传统金融机构不断深化在智能投顾领域的布局，利用自身的资源和优势，提升智能投顾服务的质量和水平；银行和基金代销机构在以公募基金作为智能投顾主要原料进行基金组合资产配置方面，也在不断改进和完善业务模式，如平安一账通、招商银行招财智投、工商银行AI投凭借自身资金实力、网点优势和客户信任基础，与金融科技融合推出智能投顾服务；具有互联网平台背景的大机构，如天弘基金、京东智投、蚂蚁财富等互联网企业凭借大数据、流量和技术优势，提供便捷、低门槛的定制化的智能投顾产品，如蚂蚁财富依托支付宝庞大用户流量和数据积累，为大众投资者服务。

任务三　熟悉智能投顾监管

一、国外智能投顾监管

（一）多数国家和地区出台政策指引和措施进一步完善监管框架

在全球范围内，美国、欧盟、英国、加拿大、澳大利亚等国家或地区，在坚守现有监管框架的基础上，积极推出针对智能投顾的特色监管举措。

美国证券交易委员会（SEC）持续关注智能投顾领域，2023年夏天便提出一项规则，旨在化解股票经纪人和投资顾问借助算法，通过智能手机应用程序或网络界面预测投资者决策时产生的利益冲突问题。2024—2025年，SEC的审查部门针对人工智能相关主题，要求多家投资顾问公司提供详尽信息，涵盖AI相关营销文件、管理客户投资组合的算法模型、第三方供应商以及合规培训等关键板块，力求全面把控智能投顾业务流程，确保市场合规运行。

欧盟方面，2024年3月14日，欧洲议会正式通过《人工智能法案》（EUAI-Act），8月1日正式生效。该法案将AI技术细分为不同风险类别，依据风险等级实施差异化监管，违规企业可能面临高达全球营收7%的严厉处罚。这一法案不仅适用于传统人工智能领域，智能投顾作为AI技术在金融领域的重要应用，也被纳入监管范畴。其通过明确的规则，规范智能投顾的算法使用、数据处理等关键环节，为欧盟地区智能投顾市场的健康发展筑牢制度根基。

英国在智能投顾监管上，采取了基于创新的原则性方法。英国金融行为监管局（FCA）的创新中心（Innovation Hub）持续跟踪智能投顾市场动态，引导企业合规发展。2024—2025年，英国在借鉴国际经验的基础上，不断优化自身监管策略，加强与欧盟等地区的监管协调，力求在保障市场创新活力的同时，维护投资者合法权益与金融市场稳定。

加拿大证券管理局（CSA）对原有的《投资组合管理机构提供在线投资建议的指引》（31-342号通知指引）持续更新完善，紧密结合智能投顾业务发展的新趋势、新问题，进一步细化智能投顾与监管规则的衔接要点，确保监管的时效性与精准性。

澳大利亚证券和投资委员会也对《面向零售客户提供电子化金融产品建议》（监管指引RG255）进行修订，在鼓励创新、秉持中立监管原则的基础上，强化对智能投顾业务关键环节的规范，推动市场有序前行。

此外，诸多国家和地区的监管机构纷纷成立金融科技服务部门。美国金融业监管局成立的跨部门金融科技咨询委员会，时刻关注智能投顾市场中技术创新带来的风险与机遇，为监管决策提供专业建议；新加坡金融管理局（MAS）的“金融科技和创新团队”及金融科技署，通过与行业的紧密沟通，实现对智能投顾市场发展的实时跟踪、监测，引导企业在合规轨道上创新发展。

（二）部分国家通过制度安排控制技术风险

1. 强化人工顾问介入机制

加拿大在更新后的31-342号通知指引中，进一步明确人工顾问需深度参与智能投顾服务全流程。从客户初次接触智能投顾服务时的精准准入评估，到后续投资决策的每一个关键节点，人工顾问都肩负着不可替代的责任，确保投资决策符合客户的真实需求与风险承受能力，有效规避因纯技术操作带来的“实际控制人”认定模糊、法律纠纷等潜在风险。澳大利亚对监管指引RG255中关于智能投顾机构人员组织的要求再度升级。在完全依赖技术生成投资产品建议的流程中，持牌企业必须配备至少一名满足投资顾问行业严苛最低培训和能力标准的人工责任经理（RM）。

该经理不仅要负责智能投顾模式中的日常决策，更要对持续业务活动进行全方位把控，从人员层面保障智能投顾服务的专业性与稳定性。

2. 创新智能投顾风险的保障举措

澳大利亚在监管指引 RG255 的修订中，进一步完善一般义务方面的适当补偿方案。明确要求持牌的服务提供商为客户办理更高保额、更全面保障范围的专业责任保险（PI 保险），将算法缺陷可能导致的客户损失清晰纳入保险赔偿范畴，且细化了赔偿流程与标准，确保客户权益在遭受算法风险侵害时能得到及时、有效的补偿。

3. 深化智能投顾核心功能测试与监控

美国金融业监管局在原有建议基础上，对算法和智能投顾工具输出信息的定期测试频率与深度提出更高要求。不仅要评估信息是否契合预设目标，还要结合市场动态、行业变化等因素，对测试指标进行动态调整。在投资组合监控方面，运用更先进的数据分析模型，实时评估其市场表现和风险特征与特定类型客户投资需求的匹配度。同时，严格规范绝大多数智能投顾工具的自动化账户再平衡功能，确保在市场波动时，客户投资组合能及时、精准地调整至最优状态。2023 年 10 月 30 日，美国政府签署《关于安全、可靠和可信地开发和使用人工智能的行政命令》后，在 2024—2025 年，进一步细化对人工智能产品测试的标准与流程。要求智能投顾相关的人工智能产品在进行内部测试的基础上，需聘请第三方专业机构进行独立评估，并将详尽的测试结果及时、准确地报告给联邦政府。此外，政府还出台一系列配套政策，吸引全球人工智能领域的顶尖人才留在美国，为智能投顾技术的安全、可靠发展提供坚实的人才支撑。

（三）要求切实履行投资者告知义务和客户评估制度

欧洲三大金融监管机构持续开展联合调研，密切关注智能投顾信息处理流程、算法原理及潜在偏见问题。基于调研结果，进一步督促智能投顾服务机构提升信息披露的全面性与清晰度。要求服务机构不仅要披露智能投顾的基本运作流程，更要以通俗易懂的方式，向客户阐释算法可能存在的偏见及其对投资建议的潜在影响，确保客户在充分知情的前提下做出投资决策。

美国在数字投资建议报告的基础上，进一步完善智能投顾服务提供方开展客户风险承受能力测评的规范。细化测评内容，除核心的风险承受能力和风险偏好要素外，纳入客户投资目标的灵活性、投资经验的深度与广度等多元化指标。同时，对测评流程进行优化，采用动态测评方式，根据客户投资行为、市场环境变化等因素，定期或不定期对客户风险承受能力进行重新评估，为客户提供更贴合实际的投资建议。

加拿大在更新 31－342 号通知指引时，对客户调查问卷进行优化升级。一方面，增加评估客户风险容忍度问题的多样性与深度，从不同维度精准衡量客户风险态度；另一方面，完善客户答案不一致时的进一步测试机制，通过设置递进式问题、案例分析等方式，深入挖掘客户真实风险承受能力。

二、我国智能投顾监管

（一）《关于规范金融机构资产管理业务的指导意见》

2018 年 4 月 27 日，中国人民银行、银保监会、证监会、外汇局联合印发了《关于规范金融机构资产管理业务的指导意见》（银发〔2018〕106 号）（以下简称《资管新规》），这是我国规制智能投顾的重要规范性文件，标志着智能投顾正式被纳入监管范围，它旨在规范金融机构资产管理业务，统一同类资产管理产品监管标准，有效防控金融风险，引导社会资金流向实体经济，支持经济结构调整和转型升级。

《资管新规》特别指出，运用人工智能技术开展投资顾问业务应当取得投资顾问资质，非金融机构不得借助智能投资顾问超范围经营或者变相开展资产管理业务。

《资管新规》指出，金融机构运用人工智能技术开展资产管理业务应当严格遵守本意见有关投资者适当性、投资范围、信息披露、风险隔离等一般性规定，不得借助人工智能业务夸大宣传资产管理产品或者误导投资者。金融机构应当向金融监督管理部门报备人工智能模型的主要参数以及资产配置的主要逻辑，为投资者单独设立智能管理账户，充分提示人工智能算法的固有缺陷和使用风险，明晰交易流程，强化留痕管理，严格监控智能管理账户的交易头寸、风险限额、交易种类、价格权限等。金融机构因违法违规或者管理不当造成投资者损失的，应当依法承担损害赔偿责任。

《资管新规》还指出，金融机构应当根据不同产品投资策略研发对应的人工智能算法或者程序化交易，避免算法同质化加剧投资行为的顺周期性，并针对由此可能引发的市场波动风险制定应对预案。因算法同质化、编程设计错误、对数据利用深度不够等人工智能算法模型缺陷或者系统异常，导致羊群效应、影响金融市场稳定运行的，金融机构应当及时采取人工干预措施，强制调整或者终止人工智能业务。

2020年7月31日，经国务院同意，中国人民银行会同发展改革委、财政部、银保监会、证监会、外汇局等部门，在《资管新规》框架下，审慎研究决定，延长《资管新规》（银发〔2018〕106号）过渡期至2021年底。过渡期结束后，金融机构需按照该《资管新规》的要求，全面落实各项规定，规范资产管理业务的开展。截至2025年，在《资管新规》持续影响下，智能投顾行业进一步规范发展。各金融机构严格按照《资管新规》要求，对智能投顾产品的投资范围、风险控制、信息披露等方面进行优化。例如，在投资范围上，更加明确智能投顾产品可投资的资产类别，避免投资过于集中或涉足高风险、不规范领域；在风险控制方面，加强对投资组合风险的动态监测和调整，根据市场变化及时优化投资策略；信息披露也更加全面、及时、准确，投资者能够清晰了解智能投顾产品的投资运作情况、风险状况等信息。

（二）《关于加强对利用“荐股软件”从事证券投资咨询业务监管的暂行规定》

1. 主要规定

《关于加强对利用“荐股软件”从事证券投资咨询业务监管的暂行规定》（以下简称《暂行规定》）明确了“荐股软件”的界定标准，即具备下列一项或多项证券投资咨询服务功能的软件产品、软件工具或者终端设备：（1）提供涉及具体证券投资品种的投资分析意见，或者预测具体证券投资品种的价格走势；（2）提供具体证券投资品种选择建议；（3）提供具体证券投资品种的买卖时机建议；（4）提供其他证券投资分析、预测或者建议。还明确向投资者销售或者提供“荐股软件”，并直接或者间接获取经济利益的，属于从事证券投资咨询业务，必须取得证券投资咨询业务资格。未取得证券投资咨询业务资格，任何机构和个人不得利用“荐股软件”从事证券投资咨询业务。

《暂行规定》进一步明确了证券投资咨询机构利用“荐股软件”从事证券投资咨询业务的监管要求。其中，基本原则是客观公正、诚实信用，不得误导、欺诈客户，不得损害投资者利益；还应遵循客户适当性原则，对“荐股软件”产品进行分类分级，并向客户揭示产品的特点及风险，将合适的产品销售给适当的客户；不得对产品功能和服务业绩进行虚假、不实、夸大、误导性的营销宣传，不得以任何方式向客户承诺或者保证投资收益。

《暂行规定》强调，证券投资咨询机构利用“荐股软件”从事证券投资咨询业务，应当在合同签订、产品销售、服务提供、客户回访、投诉处理等各个业务环节中，加强投资者教育和客户权益保护。证券投资咨询机构应当主动告知客户公司及执业人员的证券投资咨询业务资格及其查询方式；客观、准确告知客户“荐股软件”的作用，全面揭示“荐股软件”存在的局限和纠纷解决方式；主动向客户提示非法证券投资咨询活动的风险和危害。

《暂行规定》还强调，对利用“荐股软件”从事非法证券投资咨询活动的，依法予以严厉打击；同时，对证券投资咨询机构及其工作人员利用“荐股软件”从事证券投资咨询业务中的违法违规行为，依法采取监管措施或进行处罚。

《暂行规定》还提醒投资者，在购买“荐股软件”和接受证券投资咨询服务时，要询问从事证券投资咨询的机构或者个人是否具备证券投资咨询业务资格，可以通过中国证监会网站和中国证券业协会网站进行查询核对，也可以向证监会及其派出机构进行核实。同时，投资者如发现非法证券投资咨询活动，请及时向公安机关、证监会及其派出机构举报。

此外，中国证监会 2020 年 3 月 20 日公布了《关于修改部分证券期货规范性文件的决定》（证监会公告〔2020〕20 号），决定对 29 部规范性文件的部分条款予以修改。其中，将《关于加强对利用“荐股软件”从事证券投资咨询业务监管的暂行规定》第四条第一项修改为：“（一）在公司营业场所、公司网站、中国证券业协会网站公示信息，包括但不限于：公司名称、住所、联系方式，投诉电话，证券投资咨询业务许可证号，证券投资咨询从业人员姓名及其登记编码；同时还应当通过公司网站公示产品分类、具体功能、产品价格、服务收费标准和收费方式等信息。”这体现了监管部门根据法律修订情况，及时调整相关规范性文件，确保证券市场监管规则的协调性与适应性，维护证券市场规范有序运行。

想一想：利用“荐股软件”从事证券投资咨询业务与智能投顾服务有何异同？

2. 意义

《暂行规定》的颁布，有力打击了社会上以“荐股软件”的名义，利用网站等平台，诱导投资者购买软件、骗取钱财等非法证券投资咨询活动，有效保护了投资者利益。在2025年的市场环境中，《暂行规定》持续实施，使得市场秩序进一步规范。非法荐股软件的生存空间被极大压缩，投资者在选择相关服务时更加谨慎，会主动核实机构和人员资质，这促使正规证券投资咨询机构不断提升服务质量和合规水平，推动整个证券投资咨询行业朝着健康、有序方向发展。

（三）其他相关法规

智能投顾属于我国法律范畴内的证券投资顾问业务，也应受《证券投资顾问业务暂行规定》（以下简称《规定》）等相关法律法规的规范。《规定》明确，以软件工具、终端设备等为载体，向客户提供投资建议或者类似功能服务的，应当执行本规定并符合下列要求：（1）客观说明软件工具、终端设备的功能，不得对其功能进行虚假、不实、误导性宣传；（2）揭示软件工具、终端设备的固有缺陷和使用风险，不得隐瞒或者有重大遗漏；（3）说明软件工具、终端设备所使用的数据信息来源；（4）表示软件工具、终端设备具有选择证券投资品种或者提示买卖时机功能的，应当说明其方法和局限。

国家网信办联合国家发展改革委、教育部、科技部、工业和信息化部、公安部、广电总局七部门于2023年7月联合公布《生成式人工智能服务管理暂行办法》，对于促进人工智能技术的健康发展、规范市场秩序、保护用户权益等方面都具有重要意义。在智能投顾领域，该办法的实施促使相关机构在利用人工智能技术时更加规范。例如，在数据使用方面，严格遵守数据安全和隐私保护规定，确保投资者数据不被滥用；在算法设计上，保证其公平、公正、透明，避免算法歧视等问题，从而为智能投顾行业营造更加健康、规范的发展环境。

此外，随着行业发展，对于智能投顾业务的牌照管理也日益严格和细化。具有基金引流功能的智能投顾需要获得基金销售牌照，具有资产管理功能的智能投顾则需要取得资产管理牌照，不能混淆。不同类型的智能投顾业务根据其功能属性，在牌照获取、业务开展等方面都需遵循相应的监管规则，以确保整个行业在合规框架内稳健发展。

任务四　案例分析

案例

理财魔方：P2P 平台风险与安全理财之道

2020 年 6 月，爱钱进 App 出现兑付困难，随后被北京警方立案侦查。据悉，有 37 万人被骗 230 亿元，大量投资者血本无归。爱钱进 App 无论交易规模，还是宣传攻势，都曾是 P2P 行业的“佼佼者”。此番“暴雷”，再一次敲响安全理财的警钟。无独有偶，此前就已经开始的理财魔方“安全理财月”中早已警示该风险，并持续进行安全教育，正如其宣传语：“理财，什么更重要？收益？不，安全＋收益！”

一、超额收益背后隐藏超额风险，P2P 为我们敲响警钟

P2P 自兴起以来，曾在金融市场中占据一定份额，吸引了大量投资者。然而，随着时间的推移，其背后隐藏的风险逐渐暴露，诸多问题不断涌现。例如，2019 年 3 月，千亿 P2P 平台团贷网倒塌，实控人唐某投案自首。经法院审理查明，2012 年 6 月至 2019 年 3 月间，派生集团未经许可，违规运营“团贷网”平台，以发布融资项目、“安盈宝”理财项目、私募基金类理财产品等形式，承诺保本付息、高额回报，向社会公众非法吸收巨额资金，未偿还金额 348.2 亿元。2023 年 12 月 7 日，深圳市中级人民法院对红岭创投电子商务股份有限公司董事长周某某等人非法集资案一审公开宣判，被告人周某某犯集资诈骗罪、非法吸收公众存款罪，被判处无期徒刑，剥夺政治权利终身，并处没收个人全部财产。这些案例都充分说明了 P2P 行业风险巨大。这些巨额风险背后的原因值得我们深思。

从监管政策角度来看《资管新规》早已明确打破刚兑。在金融市场中，低信誉区间信贷由于借款方信用资质相对较差，必然会出现坏账情况。P2P 作为主要面向低信誉区间信贷的方式，大多采用高息放贷的方式来摊平运营成本。但对于处于该信誉区间的使用者而言，他们本身财务状况不佳，承受高息贷款

几乎是不可能的，这就导致其偿债能力极为低下。当大量借款方无法按时足额还款时，平台的运营必然出现问题。

从资金运转方面来看，P2P信贷自由度过于宽松。偿债期与投资回报期差距太大，这种时间错配容易形成不良资金链。例如，平台可能将短期募集来的资金以较长的期限放贷出去，一旦短期内大量投资者要求赎回资金，而借款方尚未到还款期限，平台就难以迅速筹集资金，导致资金运转时效性大大降低，甚至可能引发流动性危机。

从资金监管方面来看，P2P资金在平台内部保存，没有第三方监管。这就如同把钱财放置在一个没有监管的黑箱中，风险巨大。平台一旦出事，要么P2P企业卷款而走，此类事件在过去几年屡见不鲜，给投资者带来了巨大损失；要么平台瘫痪无法运转，投资者的资金同样无法取回。

二、把控风险、明确资金链，安全理财选公募基金

理财魔方在其“安全理财月”活动中提到，理财有三大点需要特别注意：一是找到安全可信的专业机构；二是选择安全的资产；三是具备一定的投资理财知识。选择投资理财的专业机构，需认准中国人民银行、证监会、国家金融监督管理总局。所有正规的金融机构，都可以在其官网查到对应信息，如果查不到，一定有问题。

公募基金在安全性方面具有显著优势，这源于其运作规范、信息披露透明、制度化建设完善。一方面，公募基金受证监会严格监管。证监会制定了一系列严格的法规和制度，对公募基金的设立、运营、投资范围、信息披露等各个环节进行全方位监管，确保其合规运作，保障投资者的合法权益。另一方面，公募基金实行资金托管制度，基金公司不接触投资者的资金。投资者的每一笔钱都能在银行账户上查询到，“管钱的”和“管投资的”是分开的两拨人。这种分离机制有效避免了基金公司挪用资金的风险，让投资者的资金更加安全。而且公募基金具备专业的投研能力和资管能力，拥有专业的投资研究团队，对宏观经济、行业趋势、企业基本面等进行深入研究分析，能够更好地维护投资者权益，稳定金融健康发展。

以市场上的一些公募基金为例，它们在投资过程中严格遵循既定的投资策略和风险控制标准。在资产配置上，会根据宏观经济形势和市场情况，合理调整股票、债券、现金等各类资产的比例。当市场风险较高时，会适当降低股票

资产的配置比例，增加债券和现金等稳健资产的持有，以降低投资组合的整体风险；当市场出现投资机会时，又能通过专业的研究和分析，及时把握机会，为投资者创造收益。同时，公募基金按照规定定期进行信息披露，包括净值公告、定期报告等，让投资者能够及时、准确地了解基金的运作情况和投资组合状况，做到心中有数。

三、公募基金铸成基础，AI 智能把控全局

理财魔方的定位是人工智能理财 App，其产品配置公募基金，使用更先进的人工智能技术为客户匹配更适合的风险投资。平台全智能 AI 运营，24 小时为客户把控资产收益情况，时时严查市场波动，动态调仓。通过对市场数据的实时监测和分析，当市场出现较大波动时，AI 系统能够迅速做出反应，根据预设的算法和模型，对投资组合进行调整。例如卖出部分高估的资产，买入具有潜力的资产，以优化投资组合，降低风险并追求收益。将之前高净值人群享受的私人银行投顾服务通过人工智能技术普惠给大众，让更多普通投资者也能享受到专业、个性化的理财服务。

四、法律链接与合规思考

（一）牌照与监管对象

《中华人民共和国证券投资基金法》第 97 条规定："从事公开募集基金的销售、销售支付、份额登记、估值、投资顾问、评价、信息技术系统服务等基金服务业务的机构，应当按照国务院证券监督管理机构的规定进行注册或者备案。"智能投顾应该属于投资顾问业务范围的，但是现阶段的有关投资顾问业务的相关法规是针对"人"，智能投顾却不是"人"，而是"机器人"。对于机器人投顾是没有相关明确清晰单独的法律法规的。不过，随着行业的发展和监管的逐步完善，一些智能投顾平台开始积极申请相关牌照，以确保自身业务的合规性。

（二）不能代客决策

我国《证券、期货投资咨询管理暂行办法》第 24 条规定："证券、期货投资咨询机构及其投资咨询人员，不得从事下列活动：（一）代理投资人从事证券、期货买卖……"因此，在我国进行投资顾问业务可以对客户提供投资方面的建议，但是涉及客户下单买卖的资产管理，只能客户自己亲自动手，智能投顾是不能代客进行决策的，这就给智能投顾的业务开展带来困难。为了应对这一问题，一些智能投顾平台在产品设计和业务流程上进行了优化。它们通过提供

详细的投资分析报告、风险提示、操作指引等，帮助投资者更好地理解市场和投资产品，做出自己的投资决策。同时，在用户界面设计上，突出用户自主操作的功能，引导用户自主进行下单买卖等操作，既符合法规要求，又能为用户提供有价值的投资服务。

五、启示与建议

（一）投资标的选择增加透明度

我国有3 000多只公募基金，智能投顾从中选取几只基金作为基金池。但是问题在于，如何让客户信服你选择的基金池呢？建议智能投顾在投资标的方面增加一些透明度，比如公布入选基金池的标准，是等级、时间还是收益率。而且智能投顾的投资组合也需要说明，为什么某些基金占了这个组合的大部分，其他的基金只占了这个组合的一小部分。

一些领先的智能投顾平台已经开始在这方面做出努力。它们在平台上专门设置了信息披露板块，详细介绍基金池的构建标准和筛选过程。例如，某平台公布其基金池入选标准包括基金的历史业绩稳定性、基金经理的投资经验和能力、基金的规模适中程度等多个维度。对于投资组合中各基金的占比，也会结合市场分析和投资策略进行详细解读，让投资者清楚了解到每一个投资决策背后的逻辑和依据，增强投资者对平台的信任度。

（二）丰富问卷内容

对客户风险偏好的刻画是为客户配置投资组合的关键所在，但是部分智能投顾在对客户进行刻画时的调查问卷内容设置过于简单，没有深入地反映出客户的资产、负债、现金流、将来的收入支出状况、家庭情况等。所以建议智能投顾的问卷内容设置得更加丰富。比如说，可以通过增加问题“您所从事的职业类别是什么?”“您未来的收入增长预期如何?”等来判断客户将来的收入增长情况。

部分智能投顾平台意识到了问卷内容的重要性，开始优化问卷设计。新的问卷不仅涵盖了客户的基本财务状况，如资产、负债、收入、支出等，还增加了关于客户投资经验、投资目标、风险承受能力等多方面的问题。例如，询问客户过去的投资经历中，是否有过重大亏损以及如何应对；客户进行投资的主要目标是短期获利、长期资产增值还是为了特定的财务目标（如子女教育、养老等）；在面对市场波动时，客户的心理承受程度和可能的行为反应；等等。通过更全面、深入地了解客户信息，平台能够为客户提供更精准、个性化的投资组合配置。

（三）改善模式

关于产品方面提的建议，虽然能解决一些问题，但是这并不够。因为即使智能投顾在产品透明度方面以及对客户刻画方面努力改进，也无法解决数据的问题。如果要积累广大的数据，按照智能投顾现有以个人投资者为主的模式，不可避免地会遇到客户流量与黏性的问题。再加上法律监管方面的各种问题，所以不如尝试模式转型。这一点可以向谷歌公司学习。谷歌开发出开放的安卓系统以对抗封闭的iOS系统，由于安卓是免费的、开源的，各大手机生产商可以在此基础上利用安卓系统。如此一来，谷歌反而占据了整个智能手机生态链的顶端位置，构造了一个属于安卓的生态系统。同理，智能投顾创业公司现阶段可以先给金融公司、基金公司、银行等拥有丰富数据的传统金融机构提供智能投顾的算法技术，以及提供之后的系统维护。通过这个业务，智能投顾创业公司不仅可以获取传统金融行业的客户数据，而且也可以借此不断完善自己的算法技术，打磨自身的核心算法，同时也避免了金融牌照等一系列法律监管问题。等到金融市场更加成熟之后，再慢慢谋划，凭借这段时间的积累再做2C业务。

目前已有一些智能投顾创业公司开始探索这种模式转型。它们与银行、基金公司等传统金融机构合作，为其提供智能投顾解决方案。在合作过程中，智能投顾公司将自身的算法技术嵌入到金融机构的业务系统中，帮助金融机构提升客户服务水平和投资决策效率。例如，为银行的理财产品推荐系统提供算法优化，根据银行客户的历史数据和行为特征，更精准地为客户推荐适合的理财产品。通过这种方式，智能投顾创业公司能够接触到大量的客户数据，进一步优化自己的算法模型，同时也在市场中积累了品牌知名度和行业影响力，为未来开展面向个人客户的业务奠定了基础。

任务五　智能投顾合规实训

1. 实训目标

通过本实训，使学生更加了解智能投顾的发展现状，加强学生对智能投顾的消化和理解，培养学生运用网络收集和分析资料的技能。

2. 实训内容

(1) 查询相关银行官网及证监会官网，从上线时间、风险等级、投资期限、组合数量、起点金额这几个方面对表格中的几家商业银行的智能投顾产品进行比较，并对每个智能投顾产品进行 SWOT 分析。

商业银行智能投顾对比

商业银行	上线时间	风险等级	投资期限	组合数量	起点金额
招商银行					
兴业银行					
江苏银行					
平安银行					
广发银行					
中国工商银行					

商业银行智能投顾产品 SWOT 分析

商业银行	优势	劣势	机会	威胁
招商银行				
兴业银行				
江苏银行				
平安银行				
广发银行				
中国工商银行				

注：SWOT 分析法又称强弱危机分析法、优劣分析法，是一种竞争态势分析方法，评价自身的优势（Strengths）、劣势（Weaknesses）及外部竞争中的机会（Opportunities）和威胁（Threats）。

(2) 查询相关网站，分别列出银行系智能投顾、券商系智能投顾、基金系智能投顾以及第三方智能投顾排名前五名的产品。

智能投顾产品排名

类别	排名前五名产品
银行系智能投顾	

续表

类别	排名前五名产品
券商系智能投顾	
基金系智能投顾	
第三方智能投顾	

（3）查阅相关资料，比较我国智能投顾与美国成熟资本市场的差异，完成下表。

我国智能投顾与美国成熟资本市场的差异

项目	差异之处
投资者	
投资标的	
牌照	
金融数据	
智能化程度	
税收因素	

（4）下载同花顺软件，并登录同花顺 iFinD 智能研判界面，查询该智能投顾系统有哪些功能，分析有什么可改进之处。

项目小结

内容	关键知识点及技能	要求
智能投顾的内涵	智能投顾的概念、运作模式及特征	掌握
智能投顾的运作流程	智能投顾的服务流程	熟悉
智能投顾业态发展	智能投顾在国外及我国的发展	了解
国外智能投顾监管	国外智能投顾监管	熟悉
我国智能投顾监管	《关于规范金融机构资产管理业务的指导意见》《关于加强对利用“荐股软件”从事证券投资咨询业务监管的暂行规定》以及其他相关法规的主要规定及意义	掌握

项目四
XIANG MU SI

区块链金融监管

学习目标

- 掌握区块链金融的内涵
- 熟悉区块链金融的优势与劣势
- 了解区块链金融业态发展
- 掌握区块链金融监管体系

素养目标

- 增强风险防范意识
- 增强遵法守法观念

关键词

区块链金融、区块链金融监管

知识点导图

- 区块链金融监管
  - 认识区块链金融
    - 区块链金融的内涵
    - 区块链金融的优势与劣势
  - 了解区块链金融业态发展
    - 区块链在银行业的应用
    - 区块链在保险业的应用
    - 区块链在证券业的应用
    - 区块链在新型金融业态的应用
  - 了解区块链金融监管
    - 《区块链信息服务管理规定》
    - 《合规区块链指引》
    - 其他相关法律法规
  - 案例分析
  - 区块链金融合规实训

任务一　认识区块链金融

一、区块链金融的内涵

（一）区块链金融的概念

2008 年，比特币创始人中本聪（Satoshi Nakamoto）发表了一篇论文——《比特币：一种点对点的电子现金系统》（BitCoin：A Peer-to-Peer Electronic Cash System）。该篇论文首次提出了比特币（BitCoin）和区块链（Block Chain）的概念。

工信部信息中心发布的《中国区块链技术和应用发展白皮书（2016）》将区块链定义为一种分布式数据存储、点对点传输、共识机制、加密算法等计算机技术在互联网时代的创新应用模式。其本质就是一个去中心化的信任机制。区块链技术的可靠性、实时性、容错性、不易出错性、追溯性在金融领域得到了很好利用，甚至可以重构金融业务秩序。区块链金融是区块链技术在金融领域的应用。区块链金融行业应用场景如图 4-1 所示。具体的金融行业应用包括交易支付（特别是跨境支付）、资产数字化、数字票据、银行征信管理、智能证券、清结算、客户识别、保险管理、金融审计等。

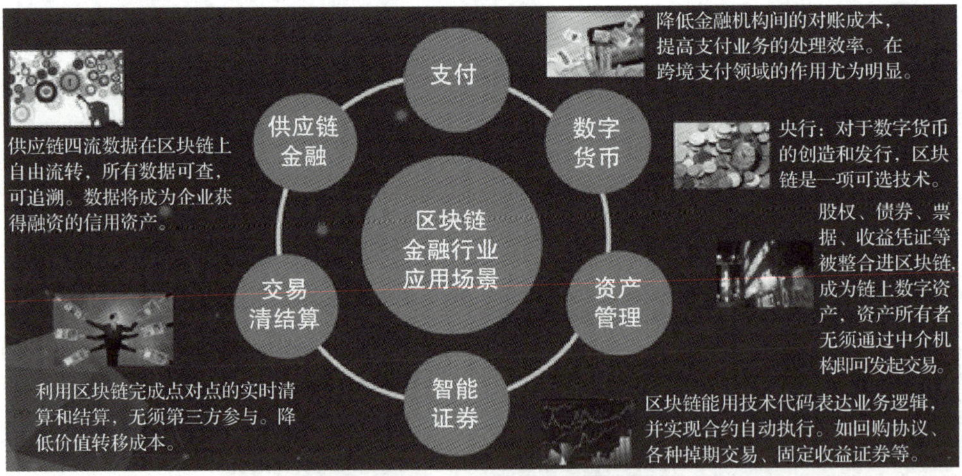

图 4-1　区块链金融行业应用场景

想一想：区块链技术还可以运用到哪些金融领域？

（二）区块链金融的特征

根据区块链的基本原理，它主要有以下五个特征：

1. 去中心化

《区块链技术的发展和管理》

区块链的基础是密码学，通过开放源代码，公开系统运作规则。按照系统运作规则，区块链中的每个节点都拥有相同的权利和义务，即每个节点都有维护区块链中的数据的义务和获得区块链中所有数据的备份的权利。这种分布式计算和存储使得区块链具有去中心化的特征。

2. 开放性

因为区块链是开放源代码的，所以实际上区块链的数据是开放的，所有交易方都可以获取区块链上除私人信息外的所有数据。

3. 去信任化

因为区块链是开放源代码的，公开了系统运作规则，所以区块链中的任意节点只要按照系统运作规则，就能维护和获取区块链中的数据。区块链中的任意节点之间无须互相信任，单个节点的数据被篡改也无法成功“欺骗”其他节点。

4. 不可篡改性

区块链中的数据是永久存储的，并且每个节点都拥有区块链中所有数据的备份，所以对单个节点的数据修改并不会影响区块链中其他节点的数据。只有同时控制了区块链中超过51%的节点才能成功篡改区块链中的数据，而这在理论上是很难发生的。

5. 匿名性

由于区块链具有去信任化的特征，因此所有交易方可以不公开自己的私人信息来匿名交易。

二、区块链金融的优势与劣势

（一）优势

基于区块链的原理和特征，它的主要优势有以下四点：

1. 降低信任风险

区块链是开放源代码的，这使得区块链的交易者能获取区块链上的完整信息，同时，区块链的不可篡改性特征使得区块链上的数据几乎不能被篡改，保证了区块链上数据的可靠性和真实性，提高了系统的可追溯性，降低了系统的信任风险。

2. 降低运营成本

区块链的数据是分布式计算和存储的，去中心化特征能简化步骤，提高效率，减少人力物力，降低运营成本。以区块链在金融机构中的运用为例，区块链能绕过第三方，实现交易所自动化交易结算，交易被确认的过程就是清算、结算和审计的过程。这种模式能极大地提高交易速度，降低成本，减少运营风险和人为错误，优化金融机构业务流程，提高金融机构的竞争力。

3. 诞生新型商业模式

以物联网产业为例，区块链的去信任化特征使得物联网能够进行去中介的直接交易。例如，IBM公司和三星公司联合研制的概念验证系统“自主去中心化点对点遥测（ADEPT）”，使用了区块链构建智能设备的分布式网络，验证了去中心化物联网构架的可行性。该系统能够使连入其中的设备安全并高效地直接通信，并实现复杂的商业逻辑。

4. 鼓励协作创新

通过开放区块链的源代码，区块链的开发人员能以较低的门槛和成本进入这个领域，与其他的研发人员协作创新，获取技术成果。

（二）劣势

作为一种新型技术，区块链金融存在以下四个劣势：

1. 监管问题

区块链去中心化、去信任化和匿名性的特征增大了政府监管难度。政府对于新技术的监管也需要时间来出台相应的法律法规。在这种情况下，区块链运用领域的违法行为层出不穷。

2. 安全问题

一方面，区块链的不可篡改性使得黑客只有同时控制区块链中超过51％的节点才能篡改区块链数据，这在理论上虽然很难发生，但威胁始终存在。黑客通过挟持大批僵尸机，或采用集群运作模式，极端情况下不排除可能控制区块链中超过51％

的节点，从而篡改区块链数据。另一方面，比特币发展至今，丢失和失窃等安全事故时有发生，不仅暴露出其使用安全性的弊端，也打击了市场主体进一步持有和使用的信心。

3. 技术问题

一是膨胀问题。由于区块链是用分布式冗余存储方式，每个区块需要承载复制之前产生的全部数据，因此在实际应用中会产生存储空间膨胀的问题。二是灵活性较差。区块链的不可篡改性使区块链上的信息不允许更改。除非预先设置追索机制和例外机制，否则交易事后不可撤回，灵活性差。三是交易时间长。区块链的去信任化特征使每个区块都需要工作量证明来确认，这导致交易速度十分缓慢。

4. 观念问题

一方面，对普通人而言，区块链理念较专业，难以理解。另一方面，对厂商而言，需对区块链产品的合规性和合法性进行预判，区块链运用落地周期长。

想一想：区块链金融是否存在风险？存在哪些风险？该如何避免这些风险？

任务二 了解区块链金融业态发展

在当今全球化的数字经济浪潮中，区块链技术以其独特的去中心化、不可篡改、可追溯等特性，正成为推动各行业变革与创新的关键力量，在国际舞台上掀起了广泛的关注与应用热潮。

美国作为科技领域的前沿国家，早在 2015 年 1 月便批准比特币交易所成立，率先开启了数字货币交易合法化的探索之路；2015 年 6 月，数字货币公司监管框架最终版本 Bitlicense 发布，为行业发展提供了规范准则；2016 年 6 月，美国国土安全部对 6 家致力于政府区块链应用开发的公司发放补贴，积极推动区块链技术在政府领域的落地应用。近年来，美国不断完善与区块链技术相关的公共政策，2019 年 7 月，美国参议院商业、科学和交通委员会通过了《区块链促进法案》，指出区块链可能的应用领域包括防止税务欺诈、医疗保险跟踪、社会保障福利体系、政府档案管理等，从多维度拓展区块链的应用边界。从联邦政府层面来看，财政部推出最新研究报告，支持推行区块链技术的监管沙箱；在州政府层面，近 10 个州政府推出对区块链技术的支持政策，如怀俄明州提出区块链相关专利可免除专利税，怀俄明、佐治亚、亚利桑那州等使用区块链技术对政府办公信息进行记录，极大地激发了地方层面的创新活力。美国众多大企业如脸书、三星、埃森哲、国际商用机器公司（IBM）、亚马逊等纷纷涉足区块链行业，就连 LG 公司也进入该领域，使用“将人工智能与区块链技术相结合的面部识别服务”进行数字货币支付，展现出美国区块链产业生态的蓬勃发展态势。2023 年 3 月，美国政府公布的《总统经济报告》对数字美元计划 FedNow 项目给予全方位肯定，指出央行数字货币（CBDC）若推出，可使支付系统更高效，促进跨境交易，推动金融包容等，但同时也提及可能带来信贷可用性风险等挑战。从 2013 年至 2023 年 3 月，美国证券交易委员会（SEC）对加密资产领域企业采取了近 100 次取缔、监管、警告等动作，仅 2023 年前 3 个月就发布了 11 件类似监管诉讼案件，反映出美国在推动区块链技术发展的同时，不断加强对加密资产行业的规范与监管，力求在创新与风险防控之间寻求平衡。

日本在区块链领域同样积极布局。2016 年 5 月，日本首次批准数字货币监管法案，并将数字货币定义为财产，同年成立首个区块链行业组织——区块链合作联盟（BCCC），从政策和行业协作层面为区块链发展奠定基础。日本银行业对区块链技术的应用探索不断深入，2016 年 11 月，三菱、瑞穗银行和三井住友银行（SMBC）三家银行利用东京 bitFlyer 开发的“miyabi”区块链平台进行行内转账试验，历时 9 个月的试验表明，在区块链上每秒可记录 1 500 笔交易记录，超越了当前行内有线系统 1 400Tns/秒的速度。2017 年，日本全国银行协会（JBA）着手开发区块链平台，用于测试转账和贸易金融等核心业务流程，日本金融厅（FSA）和日本央行在测试阶段提供监管建议和支持，助力区块链技术在金融服务业的应用实施。2019 年，日本虚拟货币商业协会（JCBA）发布“关于 ICO 新监管的建议”，通过《资金结算法》和《金融工具交易法》修正案，将数字货币更名为“虚拟资产”，进一步加强对虚拟货币兑换和交易规则的管理，限制投机交易，完善行业监管体系。2023 年，日本银行计划与 3 家超大型银行和地方银行展开合作，启动“数字日元”的验证试验，积极探索数字货币的实际应用，有望在数字货币领域取得新的突破。

欧盟委员会对区块链技术高度重视，2016 年 2 月将加密数字货币放在快速发展目标领域的首位，彰显其对区块链相关领域的前瞻性布局；2016 年 4 月，欧盟央行计划对区块链和分类账簿技术与支付、证券托管以及抵押等银行业务的相关性进行评估，深入研究区块链技术在传统金融业务中的应用潜力。此后，欧盟致力于把欧洲打造成全球发展和投资区块链技术的领先地区，加快研究国际级“区块链标准”。德国政府于2019年9月发布区块链战略，明确了在金融领域确保稳定并刺激创新、支持技术创新项目与应用实验、制定清晰可靠的投资框架、加强数字行政服务领域的技术应用、传播普及区块链相关知识并加强有关教育培训及合作等五大领域的行动措施，全面推动区块链技术在经济社会数字化转型中的应用。英国将区块链视为金融科技的重要组成部分，为给金融科技提供更好的创新环境，监管部门推出“沙盒机制”，利用区块链创造一个安全空间，放宽特定范围内创新型产品、服务和商业模式的合规要求，降低企业成果转化的时间和成本，有力地促进了区块链创新项目的发展。

俄罗斯在区块链技术发展上也经历了政策的逐步转变。俄罗斯财政部2014年建议禁止比特币及加密电子货币的操作，但随着对区块链技术认知的深入，2016年初俄罗斯央行开始考虑比特币合法化和交易监管；2017年1月，关于“合法化”区块链技术的发展路线图提交总统批准，为区块链技术在俄罗斯的发展打开了新的局面。俄罗斯央行成立工作小组，研究区块链技术在金融业的潜在应用，重点关注分布式账本技术、手机技术发展和支付方式等领域。俄罗斯最大的银行——俄罗斯联邦储蓄银行（Sberbank）曾公开表示希望加入R3区块链联盟，其副主席认为区块链技术的发展可能在2026年前对银行业产生重大变革。Sberbank还使用区块链技术开发了用于商务对话的手机应用——Sberbank Messenger，该应用集交流和金融交易功能于一体，在为用户提供便捷服务的同时，借助强大的反病毒程序保障多重安全。2020年12月，俄罗斯阿尔法银行（Alfa Bank）与开放银行平台APIBank和区块链平台Waves Enterprise合作，为企业客户开发了可自动实现与个体经营者交互的服务，涵盖个体经营者登记、支付结算、状况检查、收入登记、税费支付及退款处理等全业务流程，充分展示了区块链技术在俄罗斯金融业务创新中的应用。

在区块链迅速发展的全球背景下，我国积极顺应全球化需求，紧跟国际步伐，全方位推动国内区块链的相关领域研究、标准化制定以及产业化发展。2016年10月，工信部发布《中国区块链技术和应用发展白皮书（2016）》，首次提出标准化路线图和标准框架体系，全面总结国内外区块链发展现状和趋势，明确指出区块链的核心技术路径，为我国区块链产业发展提供了重要指引。2016年12月，国务院发布《“十三五”国家信息化规划》，区块链首次被作为战略性前沿技术、颠覆性技术列入规划，从国家战略层面确立了区块链技术的重要地位。2017年7月，国务院《关于印发新一代人工智能发展规划的通知》，强调促进区块链技术与人工智能的融合，致力于建立新型社会信用体系，最大限度降低人际交往成本和风险，拓展了区块链技术的应用场景与价值。2018年6月，工信部印发《工业互联网发展行动计划（2018—2020年）》，积极开展工业互联网关键核心技术研发和产品研制，大力推进边缘计算、深度学习、增强现实、虚拟现实、区块链等新兴前沿技术在工业互联网的应用研究，加速区块链技术与实体经济的深度融合。2019年1月，国家互联网信息办公室发布的《区块链信息服务管理规定》明确了区块链信息服务提供者的信息安全管理责任，规范和促进区块链技术以及相关服务健康发展，有效规避区块链信息服务安全风险，为区块链信息服务的提供、使用、管理等提供了坚实的法律依据。近年来，我国在区块链技术研发应用方面成果显著，腾讯、蚂蚁金服、华为等企业在电子票据、版权保护、商品溯源等领域积极开展相关实践，推动区块链技术在多领域的落地应用，不断拓展区块链产业的发展边界。

一、区块链在银行业的应用

（一）支付清算

区块链技术在支付清算领域，尤其是跨境支付领域展现出了突出的潜在优势。传统跨境支付流程烦琐，涉及众多中转行，导致手续费高昂、外汇汇兑成本增加，且清算周期长，人工操作易出现差错。而区块链技术的应用为这些问题提供了创新解决方案。

2017年2月，招商银行率先将区块链技术应用于全球现金管理领域的跨境直联清算、全球账户统一视图以及跨境资金归集三大场景，成功将报文传递时间缩至秒级，显著提升了跨境支付清算的效率。此后，多家银行纷纷跟进。2017年8月，农业银行上线区块链涉农电商融资产品“E链贷”，推出基于区块链技术的涉及互联网电商融资相关系统的农业信贷供应链解决方案，借助区块链技术优化了涉农电商融资的流程与体验。2017年9月，中国工商银行正式启动与贵州省贵民集团联合打造的金融系统首个脱贫攻坚基金区块链管理平台，通过区块链技术实现了基金管理的透明化、高效化。

近年来，区块链在支付清算领域的应用持续深化。2023 年，环球银行金融电信协会（SWIFT）携手日资银行等，成功进行了不同央行数字货币互联的试验。该试验建立了成为多种央行数字货币中介的系统，SWIFT 在报告中表示，它“能大幅简化央行数字货币和其他金融网络的互联互通”。这一成果为基于央行数字货币的国际汇款网建设提供了重要支撑，有望重塑全球跨境支付清算格局。国际清算银行的数据显示，全球约九成的中央银行已启动对央行数字货币的研究，部分新兴市场国家已开始引进。央行数字货币具有利用区块链技术以低成本即时完成结算的优势，随着各国央行数字货币项目的推进，区块链技术在支付清算领域的应用将迎来更为广阔的发展空间。

区块链技术的应用从多方面优化了银行清算业务。首先，它减少了对中转行的依赖，无须中转行之间复杂的业务关系，从而节省了中转银行费用以及外汇汇兑等成本。其次，区块链端对端的支付模式极大地简化了处理流程，资金可以更直接、快速地到达目标账户，加快了清算速度，使跨境支付能够实现近乎实时到账，满足了企业和个人对资金快速周转的需求。再次，区块链采用分布式账本技术，降低了人工操作差错率，所有交易信息分布存储于多个节点，信息不易篡改，并且处于一个私有链封闭的网络环境中，有效保障了信息安全性。同时，这种分布式账本为实时审计以及合规检查提供了便利，监管部门和银行内部审计人员可以实时、准确地获取交易信息，提升了审计与合规检查的效率和准确性。最后，区块链平台具有高扩展性。以招商银行为例，若在海外开设新的分行或者有新的合作伙伴，能够便捷地将其加入系统中，系统可以快速适应新的业务需求和节点变化，无须大规模的系统改造和重新部署，降低了银行拓展业务的技术成本和时间成本，提升了银行在全球金融市场中的竞争力。

（二）联合贷款

除跨境支付场景外，区块链技术在联合贷款领域的应用也日益深入。以微众银行的“微粒贷”业务为例，其采用同业合作及联合贷款模式，80%的贷款资金由合作银行提供，每日涉及大量利息与本金清算。传统金融交易模式下，各银行分别记账，交易完成后再进行对账，这不仅耗费大量人工成本，而且数据易被人为篡改，难以确保数据的及时性与真实性。而基于区块链系统开展交易和清算，借助非对称加密算法保障安全性，双方能够实时同步共享数据，一旦数据变更，各方均可及时知晓，有效防止人为篡改。

随着区块链技术的发展，越来越多的金融机构加入到联合贷款的区块链应用实践中。2024年，多家中小银行联合构建了基于区块链的联合贷款平台，通过该平台实现了贷款额度、利率、还款计划等关键信息的实时共享与协同处理，大幅缩短了贷款审批时间，从原来的平均3～5个工作日减少至1～2个工作日，显著提升了业务效率，为客户提供了更便捷的金融服务。同时，区块链技术的应用使得联合贷款的风险分担机制更加透明、合理。各参与银行可以实时查看贷款资产的风险状况，根据预先设定的智能合约，自动调整风险分担比例，有效降低了因信息不对称导致的风险隐患。

（三）抵押物核查与征信

在贷款业务的抵押物核查与征信环节，区块链技术同样展现出独特优势。在抵押物核查方面，以房产、车辆等资产抵押贷款为例，商业银行需核实抵押品、评估价值，并向房管局等单位变更抵押品状态，整个流程涉及商业银行、评估机构、小贷公司、房管局等多个单位，环节烦琐复杂。而区块链技术实现的信息实时共享，可极大缩减沟通协调成本，提升业务办理效率。近年来，一些地区的房产管理部门与银行合作，利用区块链技术建立了房产抵押信息共享平台。银行在办理房产抵押贷款时，可通过该平台实时获取房产的产权信息、抵押状态等，无须再像以往那样多次往返不同部门进行核实，办理时间从原来的平均10个工作日缩短至5个工作日以内，大大提高了业务办理速度。

在征信领域，当前商业银行了解借款人信用主要依靠个人品行调查和征信系统查询，但征信系统存在信息采集密度低、更新滞后等问题，借款人也可能存在信息披露不实不全的情况。如今，美国加密追踪及区块链分析公司Chainalysis持续为银行优化异常交易行为监测分析系统，利用区块链技术更精准地识别不法行为，提升银行反洗钱、反欺诈能力。同时，基于区块链的非对称加密原理，银行能够将客户信息安全存储于区块链中，通过密钥证明所有者身份，使识别过程更安全便捷。分布式账本透明共享的特性便于实时监控，为反欺诈、反洗钱提供了有力技术支撑。我国部分金融科技企业与银行合作，开发了基于区块链的征信数据共享平台，整合了电商消费数据、社交行为数据、公用事业缴费数据等多维度信息，有效补充了传统征信数据的不足，使银行对借款人的信用评估更加全面、准确，信用评估的准确率相比以往提高了 20%～30%，降低了信贷风险。

（四）资管托管

在资管托管业务中，传统模式涉及资产委托方、资产管理方、资产托管方以及投资顾问等多方金融机构，各方信息系统相互独立，主要通过电话、邮件等方式核实确认信息，沟通成本高且效率低下。2017 年 1 月 10 日，中国邮政储蓄银行与 IBM 合作，采用超级账本架构（Hyperledger Fabric），推出了具备共享账本、智能合约、隐私保护、共识机制四大机制的资管托管系统，实现了资产委托方、资产管理方、资产托管方、投资顾问和审计方对托管业务信息的共享，并共同监督资产使用情况，显著提高了信用信息交换的及时性与高效性。

近年来，更多金融机构积极参与到基于区块链的资管托管生态中，一些大型金融集团旗下的不同子公司，如资管子公司、托管子公司等，通过内部区块链网络实现了资产信息、交易指令、托管报告等数据的实时共享与协同处理，减少了内部沟通成本，提高了整体运营效率。同时，区块链技术与人工智能、大数据等新兴技术融合发展，为资管托管业务带来更多创新。利用人工智能算法对区块链上的海量资产数据进行分析，能够更精准地预测资产价格走势、评估投资风险；大数据技术则有助于对资产交易行为进行实时监测，及时发现异常交易，保障资产安全。

（五）数字票据

在票据业务方面，票据真实性难保证、资金转移不及时、票据掮客降低业务透明度等问题长期困扰金融行业。2018 年 1 月 25 日，中国工商银行、中国银行、浦发银行和杭州银行在上海票据交易所开发的数字票据交易平台上完成了区块链技术的数字票据签发、承兑、贴现和转贴现业务。与传统纸质票据、电子汇票相比，数字票据以数字资产形式存储、交易，信息难以篡改，安全性更高。其分布式结构降低了系统中心化带来的运营和操作风险，消除了中介介入的必要性，无须特定实物票据或中心系统进行控制验证，有效解决了人为舞弊导致的违规操作问题。

近年来，越来越多的企业和金融机构开始采用数字票据进行结算。截至 2024 年底，上海票据交易所数字票据的交易量相比上一年度增长了 50%，交易金额增长了 60%。数字票据通过时间戳完整记录票据从产生到消亡的全过程，所有市场参与者均可清晰查看资金流向和交易记录，无论是大额票据还是零散小票，无论是银行汇票还是中小企业汇票，都能真实反映票据权利转移的全过程，有效防范了传统票据市场“一票多卖”“打款背书不同步”等问题。此外，数字票据与供应链金融的融合也不断加深，为供应链上下游企业提供了更便捷、高效的融资渠道。例如，一些核心企业将数字票据作为支付手段，向供应商支付货款，供应商可在数字票据交易平台上便捷地进行贴现融资，盘活资金，促进了供应链的资金流转和协同发展。

动动手：请通过网络了解区块链技术在招商银行的主要应用场景。

二、区块链在保险业的应用

众多保险公司积极探索运用区块链技术降低核保成本，优化保险业务流程。2017 年 9 月 6 日，安永会计师事务所携手 Guardtime 公司创建全球首个航运保险区块链平台。航运保险生态链复杂，跨国参与方众多，存在交易量大、信息传输耗时、对账困难等问题，导致数据透明度低，合规与精准风险敞口管理难度大。借助区块链，交易各方能够实时共享数据，有效解决了对账出错、信息不对称等难题。近年来，更多航运企业、保险公司、保险经纪和第三方机构加入该区块链平台，平台处理的保险业务量逐年递增。2024 年，通过该平台完成的航运保险业务量相比 2023 年增长了 30%，涉及的保险金额增长了 35%。

上海保险交易所于 2017 年 9 月 1 日发布的区块链底层技术平台——保交链，同样取得显著成效。上海保交所将保费、佣金、理赔等信息记录在区块链上，实现自动化对账功能，成功解决了再保险行业手动对账成本高、效率低的痛点。随着保交链的持续发展，其功能不断拓展，除了基础的信息记录和对账功能外，还增加了风险评估、理赔智能审核等功能。通过对区块链上积累的大量保险数据进行分析，能够更准确地评估风险，提高理赔审核的效率和准确性，理赔审核时间平均缩短了 30%～40%。

区块链的共享透明、不可篡改等特性有效减少了信息不对称，有助于保险公司更及时、准确地获取风险信息，能在一定程度上减少骗保风险，解决“逆向选择”和“倒签单”问题，降低保险管理难度和成本。在航运保险区块链平台上，保险客户、保险公司、保险经纪和第三方机构可共享客户资料、风险类别、风险敞口、保险合同等信息；保交链能够创建并维护多方资产数据，将客户资产、交易支付等信息与保险合同关联，及时获取并验证最新客户通知和损失数据。从客户角度来看，区块链技术为保险服务带来诸多改善。一方面，保险公司采用区块链技术后运营成本降低，使得区块链保险相比传统保险价格更具优势。另一方面，智能合约的应用实现了自动理赔，为客户提供了更便捷的服务体验。法国保险巨头安盛保险（AXA）利用以太坊区块链为航空旅客提供自动航班延迟赔偿，以太坊智能合约与全球空中交通数据库连接，实时监测航班数据，当航班延误超过 2 小时，无须客户申请，赔偿机制自动执行，直接将赔偿金发送至投保人账户。此外，智能合约可强制执行合约，保障客户权益，解决了类似万能险等险种期限错配导致的流动性风险问题，客户能够更安心地获取到期收益。公众还可通过区块链验证保险公司合法性，举报伪保险公司，维护保险市场秩序。

三、区块链在证券业的应用

（一）证券交易环节

在证券发行方面，区块链技术推动证券发行、分配、交易等行为电子化，显著提升发行效率。如 Symbiont 平台发行的智能证券，以数据形式存储信息和运转状态，将金融工具和合同协议建模，实现复杂金融工具操作流程自动化。越来越多的金融科技公司和证券机构基于区块链技术开发创新型证券发行平台，使得证券发行周期大幅缩短。据统计，2024 年采用区块链技术发行的证券，其发行周期相比传统方式平均缩短了 40%～50%，从原来的数月缩短至数周甚至更短。同时，区块链技术降低了信任成本。美国证券交易委员会（SEC）批准在线零售商 Overstock 通过比特币区块链发行证券，借助区块链可溯源、不可篡改的特性，防止金融机构操纵市场行为。随着区块链技术在证券发行领域的普及，越来越多的企业开始尝试利用区块链发行证券，2024 年全球通过区块链发行证券的企业数量相比上一年增长了 25%，发行规模增长了 30%。

（二）证券审批环节

随着市场和产品创新发展，证券审批领域寻租腐败方式日益多样，如通过结构化产品、股权代持、期权等隐蔽手段进行利益输送。区块链交易信息透明化的特性，能够实时暴露此类曲线敛财的违法行为。除传统信息披露外，区块链还可将 IPO 业务过程中的信息提供给市场参与者和监管部门，方便监管部门、社会中介机构查询、比较、核验数据，提升公司IPO透明度。为此，一些国家和地区的证券监管机构开始探索利用区块链技术构建证券审批监管平台。例如，新加坡金融管理局采用区块链技术建立了证券发行审批信息共享平台，将企业提交的招股书、财务报表、合规证明等信息上链存储，监管机构、投资者和中介机构可在授权范围内实时查看，有效提高了审批过程的透明度和公正性，减少了审批过程中的人为干预，IPO审批时间平均缩短了20%～30%。

（三）证券清算交收环节

在证券清算交收方面，区块链技术有望减少中间环节，简化结算流程。传统证券交易中，证券所有人的交易指令需经证券经纪人、资产托管人、中央银行和中央登记机构依次处理，流程复杂、效率低下。以美国为例，证券交易从指令发出到登记机构确认通常需“T+3”天。而借助智能合约，理论上买卖双方可自动配对并实现结算和清算，整个过程仅需10分钟。澳大利亚证券交易所（ASX）在2017年12月7日宣布开发基于区块链技术的清算和结算系统，经过持续研发和测试，该系统已逐步投入使用，有效提高了清算、结算效率。纽约证券交易所（NYSE）、伦敦证券交易所（LSE）等也在探索或试点基于区块链的清算交收方案。一些新兴的证券交易平台更是直接采用区块链技术构建清算交收体系，实现了交易即结算（T+0），大大提高了资金使用效率，降低了交易风险。例如，欧洲的一家新兴数字证券交易平台，自采用区块链清算交收技术以来，交易处理速度提升了80%，资金周转率提高了50%，吸引了大量投资者和交易商入驻，平台交易量在一年内增长了200%。

四、区块链在新型金融业态的应用

（一）对众筹的应用与影响

区块链技术助力解决众筹领域的“信任”问题。众筹作为互联网金融的新兴形式，在实践中面临诸多风险，如股权众筹投后管理不善，欺诈项目频发；互助公益类众筹存在打着慈善幌子骗钱的现象。区块链技术降低了众筹过程及后续资金使用中的信息不对称，减少了社会运行成本。同时，区块链技术提高了众筹效率。以股权众筹为例，股权流通是关键环节，区块链技术使众筹平台间投资人和项目可共享，促进股权流通和资源共享。例如，Bolero 众筹平台推出的区块链应用，为非上市公司证券提供了更多流动性。

近年来，一些基于区块链的众筹平台引入了智能合约，对众筹项目的资金募集、使用、收益分配等环节进行自动化管理。当众筹项目达到预设目标时，智能合约自动将资金拨付给项目方；项目运营过程中，按照预定规则自动分配收益给投资者，有效避免了人为操作带来的不规范和欺诈风险。2024 年，通过此类基于区块链智能合约的众筹平台成功募集资金的项目数量相比上一年增长了 35%，募集金额增长了 40%。此外，区块链技术还使得众筹项目的信息披露更加透明。投资者可以通过区块链浏览器实时查看项目的进展情况、资金使用明细等，增强了投资者对项目的信任度，吸引了更多投资者参与众筹。

（二）对供应链金融的应用及影响

供应链金融旨在基于产业链核心企业与上下游企业的贸易信息进行征信，解决上下游企业融资难问题。但由于参与方多、贸易链长，供应链信息流、物流、商流数据真实性难保证，信息不对称导致信贷风险增加。2017 年 10 月，沃尔玛与 IBM、清华大学合作，利用区块链技术对食品供应链各环节进行实时记录，打破数据分散模式，降低信息不对称风险。2017 年 12 月，腾讯、华夏银行与星贝云链将区块链技术应用于供应链金融的资产确权、交易确认、记账、对账和清算等环节，保障了供应链征信数据的真实性。借助区块链，所有参与方使用同一个去中心化账本，将纸质作业程序数字化，实现预定时间和情况下的自动支付，减少人工失误并提高效率。

近年来，区块链在供应链金融领域的应用范围持续扩大，覆盖了更多行业和领域。例如，在汽车制造供应链中，核心车企利用区块链技术将零部件采购、生产进度、物流配送等信息上链，金融机构可以实时获取这些信息，为上下游供应商提供更精准的融资服务。据统计，采用区块链技术的汽车供应链金融项目，融资成功率相比传统模式提高了 30%～40%，融资成本降低了 15%～20%。同时，区块链与物联网技术的融合，进一步提升了供应链金融的安全性和可靠性。通过物联网设备实时采集货物的位置、状态等信息，并上传至区块链，实现了对供应链物流的全程监控，为金融机构提供了更可靠的风险评估依据。

任务三　了解区块链金融监管

区块链金融
法律法规

近年来，区块链成为国内广受关注的新技术，从虚拟货币到智能合约，再到异常火爆的 ICO（Initial Coin Offering，首次代币发行），区块链的应用范围和影响持续扩大。这直接导致了区块链行业出现热点不断、冷静不足、急需监管的情况。现阶段，区块链的技术与应用主要有身份认证难、性能不高、存在安全隐患、监管不够、互通不畅等问题。

作为一种新兴的技术，区块链技术本身是中性的，如果区块链技术的某些不足被利用起来从事非法活动，对社会将产生很大的伤害，因此有必要对区块链的合规性进行研究和规范，以便于发挥区块链的积极作用，规避区块链的消极作用。

一、《区块链信息服务管理规定》

国家互联网信息办公室于 2019 年 1 月 10 日发布《区块链信息服务管理规定》（以下简称《区块链规定》）。

（一）主要规定

《区块链规定》第 5 条至第 18 条规定了区块链服务提供者、使用者的各种法律义务，主要有：第 5 条要求区块链服务提供者建立健全信息审核、安全防护等管理制度；第 6 条要求其具备相应的专业技术条件；第 7 条要求其制定管理规则和平台公约，并与区块链信息服务使用者签订服务协议；第 8 条确立了实名制，要求对使用者进行真实身份信息认证，使用者拒不提供真实身份可拒绝向其提供服务；第 9 条要求区块链服务提供者在开发上线新产品、新应用、新功能之前，向网信办申请安全评估；第 10 条禁止利用区块链从事危害国家安全及违法犯罪；第 11 条第 1 款要求在国家“区块链信息服务备案管理系统”上履行备案手续方可经营，第 2 款要求在变更服务项目、平台网址时均需办理变更备案手续；第 13 条要求在区块链服务的相关互联网站、应用程序的显著位置标明其备案编号；第15条要求发现信息安全隐患后必须整改合格方可继续提供服务；第16条要求区块链服务提供者对违法或违约的区块链使用者采取警示、限制功能、关闭账号等处置措施，并向有关主管部门报告；第17条要求服务提供者记录使用者发布内容和日志等信息并至少保存6个月备查；第18条要求服务提供者配合网信部门的监管。

《区块链规定》第19条至第22条规定，对违反第5条至第18条规定义务的行为予以行政处罚。例如，违反第8条实名制或者第16条的，依照《网络安全法》的相关规定予以处理。违反第10条规定的，处罚尤为严厉，拒不改正的，可处以二万元以上三万元以下罚款；构成犯罪的，依法追究刑事责任。违反第11条第1款备案要求的，可处一至三万元罚款。违反上述其他条款义务的，主管部门可予以警告，责令限期改正，改正前应当暂停相关业务；拒不改正或者情节严重的，并处五千元以上三万元以下罚款。构成犯罪的，依法追究刑事责任。

动动手：请通过网络查询几家知名的区块链金融服务平台。

（二）意义

《区块链规定》在立法位阶上属于“部委规章”，构成目前区块链开发者、经营者最主要、最直接的法律合规依据和规范。《区块链规定》中的总则明确了立法依据、宗旨、调整对象、定义以及政策导向。《区块链规定》第4条鼓励区块链行业组织加强行业自律，建立健全行业自律制度和行业准则。行业标准的建立对于相关实务很有帮助。如近几年，随着区块链技术的兴起，众多公司纷纷推出区块链存证取证服务，为那些可能进行诉讼或仲裁者提供诉前电子证据等类似保全措施，希望增加证据被采纳的概率。由于这方面还没有统一的行业标准，各企业均根据自己对市场及业务需求的理解来设计自己平台的存证程序，导致当事人和法院需要在个案诉讼中熟悉和理解各企业不同的存证流程和规范，反而增加证据瑕疵风险。

二、《合规区块链指引》

2017年8月，国家互联网金融安全技术专家委员会发布了《合规区块链指引》。

（一）主要规定

《合规区块链指引》在信息披露、身份管理、投资者保护、互联网金融以及数字货币、ICO等方面的监管做出了相关规定。

1. 信息披露

该指引指出，信息披露义务人所公开的信息必须与真实情况相符，不得弄虚作假，不得诱导和欺骗用户；披露的信息应尽可能具体、准确，采用便于理解的方式披露，尽量达到普通用户可理解的程度，使用户准确了解所选择的业务对象，不得有意使用过度专业化的表达；应保证信息披露的充分性，使用户尽可能全面地了解所选择的业务对象。不得有意隐瞒或遗漏，不得刻意回避对自身不利的信息。例如部分数字资产交易平台对上线交易的币种信息、主体信息完全不披露；当源信息发生变化时，应及时更改和补充；信息披露的内容至少包括运营主体工商信息、高管等主要人员信息、币种信息、相关源码、技术路线、业务模式等。

2. 身份管理

该指引要求按照不同业务需求采用不同等级的实名认证，建立完善的网络身份认证体系和客户身份识别制度，不得为身份不明的用户开设账户或提供相关金融服务，如发现用户身份证件或资料造假，应拒绝办理；能够按照不同业务需求采取不同的用户管理方式；能够按照不同业务需求采取不同的隐私保护方式。

3. 投资者保护

该指引要求不得利用区块链、数字货币等开展传销、诈骗、非法集资等活动；数字货币交易平台应对上线交易的币种严格审查，不得上线涉嫌传销、诈骗、非法集资等非法犯罪行为的币种；不得利用信息不对称恶意炒作，不得煽动市场情绪；不得采用诱导性宣传，应进行充分的风险提示，完善投资者保护。

4. 互联网金融

采用区块链技术可以从包括但不限于如下几个方面对互联网金融进行合适、必要的监管。一是信息披露。将包括互联网金融平台、互联网金融平台运营者、互联网金融平台用户等方面的信息披露并记录到区块链上。二是存证溯源。针对互联网金融平台的各种业务，采用区块链技术进行存证，确保业务安全可监管。三是主体监管。对平台的各参与主体进行监管，包括平台、创建者、运营者、用户、产品等，并将这些信息记录到区块链上以备查证。四是资金动向。对平台上的资金动向进行监管，特别是出入境的资金动向，减少用户通过平台来从事洗钱等非法业务，所有监管记录上链，以作公证证据。

5. 数字货币、ICO

该指引还指出，采用区块链技术可以从包括但不限于以下几个方面对数字货币、ICO 进行合适、必要的监管。一是监管对接。将各数字货币、ICO 代币的交易平台接入监管中心的监管平台，并用区块链进行记录。二是黑白名单。面向境内所有数字货币、ICO 代币的交易平台，设立黑白名单机制，汇总多方数据进行比对验证，并记录到区块链上供各平台和社会查询验证使用。三是主体监管。对数字货币和 ICO 代币交易平台、发行方、主要负责人等进行严密监管，特别是对其境外活动动向进行跟踪监管，严防“跑路”情况出现。四是资金监管。加大对资金动向的跟踪与监管，特别是针对大额资金动向、汇出境外的资金动向进行监管，防止利用数字货币、ICO 代币的特点进行非法资产转移的情况出现。五是信息公开。所有监管结果，只要不涉及法律问题，均需要上链公示，这既是对相关方的一种约束，也是对公众的一种告知，从而在公开的环境下达到公平公正的目标。

（二）意义

《合规区块链指引》对于合规区块链从两个方面进行说明：一个方面指的是在技术和应用上符合一定监管规范要求的区块链；另一方面指的是承担了监管功能的区块链，作为工具系统对其他领域，特别是金融领域进行监管。该指引分别从技术和应用两个方面，将这些要求规范一一列出，作为行业应用区块链合规的判断依据参考。

三、其他相关法律法规

（一）《电子签名法》

根据《电子签名法》第 8 条的规定，审查数据电文作为证据的真实性的主要考虑因素包括生成、储存或者传递数据电文方法的可靠性，保持内容完整性方法的可靠性，以及用以鉴别发件人方法的可靠性。随着技术的发展，区块链技术在电子证据领域的应用日益广泛。由于区块链具有不可篡改、不可消除和伪造等特点，在符合相关技术标准和规范的情况下，一般可认为区块链储存的数据具有较高真实性。自 2018 年最高人民法院通过《关于互联网法院审理案件若干问题的规定》首次明确区块链存证的司法效力以来，其在司法实践中的应用不断推进。2021 年《人民法院在线诉讼规则》进一步规定，经区块链存证的电子数据若技术核验一致，可推定上链后未经篡改。到 2024 年底，全国法院司法区块链平台存证量已突破 50 亿条，涉及知识产权、金融借贷等九大领域，平均存证成本从传统公证的 300 元/件降至 1.5 元/件，区块链存证的司法采信率得到了大幅提升。例如，在一些知识产权侵权案件中，权利人通过区块链存证平台固定侵权证据，法院在核验相关信息后，对区块链储存的电子数据予以采信，有效提高了维权效率。不过，在司法实践中，对于区块链存证仍存在一些审查要点。上链前需验证数据来源的真实性，存证平台需符合国家标准，如采用 FISCO BCOS 等合规底层技术，且存证机构需与案件无利益关联。部分区块链证据的认定标准仍依赖个案裁量，链下取证环节可能引入篡改风险，部分法官对区块链技术理解有限也可能影响证据采信效率。该法第 16 条至第 26 条规范了电子认证行为。

（二）《互联网信息服务管理办法》

《互联网信息服务管理办法》（中华人民共和国国务院令第 797 号，2024 年修订）进一步规范了信息网络服务的许可、备案管理体制。前者适用于有偿的经营性服务，后者适用于无偿的非经营性服务。

对于经营性互联网信息服务，提供者必须取得“互联网信息服务增值电信业务经营许可证”。具体申请流程为向省、自治区、直辖市电信管理机构或者国务院信息产业主管部门提出申请。相关主管部门需及时公布取得该许可证或备案证的经营者名录，以保障市场的透明度与规范性。在违规处罚方面，根据第 19 条的规定，违反许可证制度的，会根据情节严重性，处以违法所得 3 倍以上 5 倍以下的罚款，同时没收违法所得；若未取得许可擅自开展经营性互联网信息服务，除了上述处罚外，还可能面临责令停业整顿、关闭网站等更为严厉的措施。

针对非经营性互联网信息服务，提供者应当向省、自治区、直辖市电信管理机构或者国务院信息产业主管部门办理备案手续。若未备案而擅自运营非经营性互联网信息服务的，责令限期改正，拒不改正的，责令关闭网站。

第 14 条要求互联网信息服务提供者保留用户使用其互联网信息服务的记录备份至少 60 日；第 16 条要求互联网信息服务提供者发现违法信息时进行报告；第 17 条要求经营性互联网信息服务提供者申请在境内境外上市或者同外商合资、合作，应当事先经国务院信息产业主管部门审查同意。

（三）相关司法解释

与区块链相关的司法解释是2018年最高人民法院颁布的《关于互联网法院审理案件若干问题的规定》（法释〔2018〕16号）。第5条通过承认当事人在互联网诉讼平台上的诉讼行为的效力，间接认可了互联网平台所使用的区块链技术的价值；该条款还允许网络经营者及国家机关的网络接入诉讼平台，进一步确认了区块链技术的可靠性。第9条则允许当事人运用已经导入诉讼平台的电子数据证明自己的主张，确认了诉讼平台以电子方式存贮证据的原始性和可靠性。第11条规定了法院审查电子数据真实性的规则，当事人提交的电子数据，通过电子签名、可信时间戳、哈希值校验、区块链等证据收集、固定和防篡改的技术手段或者通过电子取证存证平台认证，能够证明其真实性的，互联网法院应当确认。该规定还对电子化文书送达规则、电子签章确认文书、笔录以及在线调解等内容进行了规范。总之，该解释的相关条款实际上是对区块链技术可靠性及其产生的电子证据效力的一般性司法确认。

2022年7月7日，国家互联网信息办公室正式公布了《数据出境安全评估办法》，该办法自2022年9月1日起开始施行。此办法的出台，旨在切实落实《网络安全法》《数据安全法》《个人信息保护法》等相关规定，对数据出境活动予以规范，进而保护个人信息权益，维护国家安全和社会公共利益，推动数据跨境安全且自由地流动。根据该办法第2条的规定，境内收集的个人信息及其他重要数据，确需向境外提供的，必须事先进行安全风险评估。如果届时某区块链上存储的境内信息需要出境，同样适用此条款要求。

任务四　案例分析

案例

比特币洗钱案的法律争议分析

上诉人（原审被告）北京乐酷达网络科技有限公司，住所地北京市。法定代表人王某珍，该公司执行董事。

委托代理人李亚军，北京市京泽律师事务所律师。

委托代理人张会栋，黑龙江朗信银龙律师事务所律师。

被上诉人（原审原告）绥化市华辰商贸有限公司，住所地黑龙江省绥化市。法定代表人冯某臣，该公司总经理。

委托代理人宋丽莉，该公司法律顾问。

原审被告彭某泉，男，汉族，住湖北省随州市。

委托代理人李亚军，北京市京泽律师事务所律师。

上诉人北京乐酷达网络科技有限公司（以下简称乐酷达公司）因与被上诉人绥化市华辰商贸有限公司（以下简称华辰公司），原审被告彭某泉侵权责任纠纷一案，不服绥化市中级人民法院〔2015〕绥中法民一民初字第28号民事判决，向本院提起上诉。本院依法组成合议庭，公开开庭审理了本案。上诉人乐酷达公司的委托代理人李亚军、张会栋，被上诉人华辰公司的委托代理人宋丽莉，原审被告彭某泉的委托代理人李亚军到庭参加诉讼。本案现已审理终结。

原审判决认定：2014年8月5日上午8时39分，华辰公司财务部经理董某的QQ收到来自账号××××××、昵称开心××、备注名刘姐的信息。对方要求给其指定的李某某账户转款“1 200万元”。董某误以为是单位同事刘某某的QQ号给其发的信息，即指派该公司出纳员王某某到中国建设银行股份有限公司绥化分行汇款1 200万元至李某某在中国农业银行股份有限公司上海川沙支行（以下简称农行川沙支行）开立的××××××账户。10时35分，刘某某给董某打电话，董某告知款已“打”完，刘某某说款不是其让“打”的，遂发现被骗，于当日向绥化市北林区公安局刑警六队报案。公安机关侦查查明，2014年7月26日，李某某在农行川沙支行开立借记卡账户，主卡账号××××××，同时办理了U盾和网上银行业务。后李某某将用自己名字办理的中国银行卡、建设银行卡、工商银行卡及案涉农业银行卡共计四张银行卡以200元的价格一并卖给中介，后被犯罪嫌疑人购得。2014年8月5日上午，华辰公司汇至李某某卡内1 200万元中的500万元当日即被犯罪嫌疑人肖某某用网银转出，分别转入孙某账户100万元、文某某账户100万元、黄某某账户100万元、分两笔转入姜某账户200万元。后犯罪嫌疑人又将孙某、文某某、黄某某三人账户中的各100万元转入姜某账户。其余700万元仍留在李某某账户中。

原审同时查明：2014 年 6 月，犯罪嫌疑人黄某甲、许某密谋通过帮助诈骗分子洗钱的办法赚取报酬，并通过陆某结识了犯罪嫌疑人肖某某。此后，为了实施洗钱犯罪活动，犯罪嫌疑人黄某甲在互联网上花 2 600 元购买了姜某、林某某两个人的身份证复印件及与其名字对应的一套银行卡和电话卡，每套银行卡包括开户人是同一人的农业银行、建设银行、工商银行、中国银行的银行卡和 U 盾。同年 7 月 2 日，犯罪嫌疑人许某用黄某甲提供“姜某”的身份证复印件、银行卡、银行卡对应的手机号码在“OKCOIN”注册账户，账号××××；8 月 5 日 3 点 42 分，许某又用黄某甲提供“林某某”的身份证复印件、银行卡、银行卡对应的手机号码在“OKCOIN”注册了账户，账号××××。同日，犯罪嫌疑人肖某某利用 QQ 诈骗得手后，通过电话向黄某甲、许某索要银行卡号，许某即将姜某的农行卡号码告诉肖某某。500 万元款项汇到姜某农行卡后，许某即以“wuge”的名义通过 QQ 与乐酷达公司客服“莱特勇士”联系，要求充值。客服将彭某泉银行卡账号告诉许某。同日上午 11 点 38 分、39 分许某分两次通过网上银行操作从姜某的农业银行卡向彭某泉在北京农业银行硅谷亮城支行开立的银行卡账户汇款 200 万元，并通过 QQ 要求向林某某的××××账号充值。乐酷达公司客服发现充值方和被充值方非同一人，且数额较大，遂要求“wuge”发送身份证正反面照片。“wuge”提出先发个复印件。犯罪嫌疑人许某以照片的形式发给客服一张林某某身份证复印件，客服只核对了身份证复印件与林某某注册时信息相符，没有坚持要求“wuge”发送身份证正反面照片及手持身份证的照片。乐酷达公司客服在没有进一步确认此笔业务的操作人与注册客户是否为同一人的前提下，即同意“姜某”给“林某某”账户充值 200 万元。

犯罪嫌疑人许某以林某某名义获得充值后，从 8 月 5 日 12 点 34 分 58 秒至 14 点 10 分 2 秒，通过林某某在乐酷达公司注册的账号，利用乐酷达公司网站“OKCOIN”交易平台，分 34 笔购买价值约 200 万元的比特币 553.034 6 个。在进行比特币买入的同时，犯罪嫌疑人许某操作该账户同时进行提币业务。从 13 点 26 分 6 秒至 14 点 20 分先后分 4 笔将购买的 553.034 6 个比特币全部提出平台，转移到犯罪嫌疑人许某在“blockchannel”网站注册的比特币钱包。后犯罪嫌疑人许某伙同黄某甲在澳门地下钱庄将比特币卖出。所获取的现金被二犯罪嫌疑人挥霍、还债，已无法全部追回，经公安机关追缴尚有 1 568 923.00 元无法追回。

原审另查明，乐酷达公司是2012年11月1日注册成立的有限责任公司。经营范围为技术开发、技术转让、技术服务、技术推广、企业管理咨询、投资管理。彭某泉名下的农业银行卡为乐酷达公司经营网上比特币交易平台收款所用，其网银使用交易权归公司运营总监李某某负责操作。

华辰公司于2015年2月27日诉至绥化市中级人民法院，请求判令：一、乐酷达公司、彭某泉赔偿华辰公司财产损失177万元；二、乐酷达公司、彭某泉承担本案诉讼费。

历经多次判决，法院最终判决如下：（1）乐酷达公司于判决送达之日起10日内赔偿华辰公司财产损失627 569元；（2）如果乐酷达公司未按本判决指定的期间履行给付金钱义务，应当按照《中华人民共和国民事诉讼法》第二百五十三条、《最高人民法院关于执行程序中计算迟延履行期间的债务利息适用法律若干问题的解释》之规定，加倍支付迟延履行期间的债务利息；（3）一、二审案件受理费41 460元，由华辰公司承担26 760元，乐酷达公司承担14 700元。保全费5 000元，由乐酷达公司承担。

案例来源：中国裁判文书网，案号：〔2016〕黑民终274号。

法律链接：

本案纠纷需解决以下焦点问题：

（1）本案涉纠纷是否属于人民法院受理民事案件的受案范围。《中华人民共和国刑法》第64条、《最高人民法院关于适用〈刑法〉第六十四条有关问题的批复》关于“犯罪分子违法所得的一切财物，应当予以追缴或者责令退赔”“被告人非法占有、处置被害人财产的，应当依法予以追缴或者责令退赔”“被害人提起附带民事诉讼，或者另行提起民事诉讼请求返还被非法占有、处置的财产的，人民法院不予受理”等的规定，均是关于在“犯罪分子或刑事被告人”非法占有、处置被害人财产的情况下，被害人应通过何种程序保护其合法权益的规定。而本案，乐酷达公司不是相应刑事案件的当事人，华辰公司提起的亦是侵权责任之诉，故本案纠纷不属于上述刑事法律、司法解释规定的情形，其符合《中华人民共和国民事诉讼法》规定的人民法院受理民事纠纷的受案范围，即原审法院受理本案并无不当。

（2）乐酷达公司对华辰公司主张的损失应否承担责任，以及如何承担责任。本案中，肖某某利用QQ信息骗得华辰公司1 200万元款项后，犯罪嫌疑人黄某甲、许某才通过乐酷达公司网站交易平台购买比特币转移赃款，因此乐酷达公司对于华辰公司款项的被骗没有过错。但乐酷达公司在提供网络平台进行比特币交易时违反《非金融机构支付服务管理办法》关于“非金融机构提供支付服务，应当依据本办法规定取得《支付业务许可证》，成为支付机构”的规定，不但未取得支付许可证，反而为规避该规定利用员工名字开立的信用卡账户收取款项开展业务。在林某某账户充值及交易出现异常时，亦未按《中国人民银行等五部委发布关于防范比特币风险的通知》的规定切实履行客户身份识别、可疑交易报告等法定反洗钱义务，即未核实林某某身份就为其账户充值，对林某某账户的异常交易情况视而不见。如果乐酷达公司能够严格履行实名认证规定，发现交易异常时及时采取冻结账户等处理措施，那么犯罪分子通过该公司交易平台转移赃款的行为就难以得逞。因此，乐酷达公司的违规行为在客观上为犯罪行为提供了便利条件，其漠视的态度一定程度上起到了配合犯罪分子转移赃款的效果，造成了受害人款项被挥霍，无法追回。对此，乐酷达公司存在过错。故综合乐酷达公司的违规情形、给社会造成的负面影响及起到的不良示范作用，其对华辰公司不能追回的损失应承担40%的赔偿责任。

启示与建议：

许某当然是存在犯罪事实的，但乐酷达公司在此案涉比特币交易中是否存在过错？应否承担赔偿责任呢？答案是肯定的，原因如下：（1）从比特币的性质看，比特币（BitCoin）是根据中本聪设计的软件以及构建其上的P2P网络数字货币（虚拟商品），具有不依靠特定货币机构发行、通过计算产生、总量固定、不受地域限制、匿名性等特点。比特币可以兑换成大多数国家的货币或购买一些虚拟物品。由于比特币具有的上述特性，中国人民银行、工业和信息化部、中国银行业监督管理委员会、中国证券监督管理委员会、中国保险监督管理委员会于2013年12月联合下发《关于防范比特币风险的通知》，要求加强对比特币互联网站的管理。提供比特币登记、交易的互联网站应当在电信管理机构备案。乐酷达公司至本案庭审结束，未能提供其在电信管理机构登记备案的相关材料。其提供的地址/域名信息备案资料没有加盖相关部门印章，无法证明其效力。(2) 从工商行政管理部门（现为市场监督管理部门）对网络交易监管看，乐酷达公司主要业务是经营“OKCOIN”虚拟货币交易平台。通过互联网或移动互联网为客户提供网络空间或虚拟经营场所、收取客户提现手续费（0.2%～0.4%）获利。其交易行为符合《网络交易管理办法》第22条规定的情形，依据该办法，提供网络交易的商户应当经工商行政管理部门登记注册并领取营业执照。而乐酷达公司登记的营业范围为技术开发、技术转让、技术服务、技术推广、企业管理咨询、投资管理。其以营利为目的设立比特币交易平台超出工商行政管理部门许可的经营范围。(3) 从比特币的交易特征看，是客户通过第三方提供的交易平台进行网上操作。前述五部委通知还规定，提供比特币登记、交易的互联网站应确实履行反洗钱义务，对用户身份进行识别，要求用户使用实名注册，登记姓名、身份证号码等信息。本案中，乐酷达公司在为“姜某”“林某某”注册时，没有履行实名制注册的规定，没有按照通知要求对注册人身份进行识别，仅依据申请人提供的身份证复印件即允许在其“OKCOIN”交易平台注册，为犯罪嫌疑人实施洗钱犯罪提供了便利条件。特别是在发现充值方和被充值方非同一人，且进行200万元的大宗充值时，在犯罪嫌疑人没有按照其要求提供身份证件正反面资料、仅网传了身份证复印件的情况下为犯罪嫌疑人办理交易业务。在发现该账户交易存在异动（短时间大量提取比特币）的情况下，没有及时尽到审查、监管义务，放任犯罪嫌疑人在短短的一个多小时内购买价值200万元的比特币，并同时将比特币提出交易平台。乐酷达公司的不作为行为，使犯罪嫌疑人利用其提供的交易平台顺利完成洗钱犯罪行为。

比特币由于匿名性和去中心化的特征，十分容易被不法分子所利用，成为洗钱、逃税、非法交易等违法行为的工具。如何解决这一风险，也是监管部门重点考虑的问题之一。就虚拟货币交易平台而言，尽可能适应当地的反洗钱法规，并设计相应的交易流程和协议，是合规工作的重点。

任务五 区块链金融合规实训

1. 实训目标

通过区块链金融实训，了解并体验区块链在信用结算中的应用。

2. 实训要求

现实社会的商业世界中，大量第三方信用机构的存在就是为交易提供信用服务的。人类因信用付出的成本是极其高昂的，信用成本在多数交易中属于占比最大的成本之一。税收很大一部分用于社会化的第三方信用服务机构，如商检、质检、交易所、法院、仲裁、协会、担保、保险等，大量的人力资源服务于第三方信用机构。

(1) 请同学们将第三方信用与区块链弱中心化的信用机制进行比较并完成下表。

对比	第三方信用（以商业银行为例）	区块链机制
建设基础		
核心职能		
成本		

(2) 依据信用结算案例中的行业痛点和区块链技术带来的金融科技创新，通过以下实训任务完成区块链应用场景学习与训练。

1) 融资贷款模拟：将中小企业办理银行贷款的整个业务流程完整呈现并操作体验。

2) 商票贴现模拟：让学生很直观地体验到中小企业因缺乏信用导致无法获得银行授信额度，从而使商票无法贴现的问题。

3) 商票质押模拟：让学生学习到中小企业在背书信息和票据质押时存在的问题体验并总结痛点。

4) 区块链应用体验：让学生分角色扮演核心企业、一级供应商、二级供应商基于区块链应用后的操作效果，发现区块链在其中的应用价值。核心企业点击每个供应商头像可以查询上链的相应信息，包括历史交易数据、违约次数等。核心企业凭借自己在银行的信用支付商业承兑汇票，供应商可以直接在平台上进行银行贴现，体现掌握区块链在信用结算中的应用。

项目小结

内容	关键知识点及技能	要求
区块链金融的内涵	区块链金融的概念及特征	掌握
区块链金融的优势与劣势	区块链金融的优势、劣势	熟悉
区块链金融业态发展	区块链在银行业、保险业、证券业以及新型金融业态的应用	了解
区块链金融监管	《区块链信息服务管理规定》《合规区块链指引》以及其他相关法规的主要规定及意义	掌握

项目五 XIANG MU WU 数字货币监管

学习目标

- 掌握数字货币的内涵
- 掌握数字货币应用场景及风险
- 了解非法定数字货币的发展
- 熟悉法定数字货币的发展
- 了解国外数字货币监管情况
- 掌握我国数字货币监管体系

素养目标

- 增强风险防范意识
- 避免违法违纪投机行为

关键词

数字货币、数字货币监管

知识点导图

- 数字货币监管
  - 认识数字货币
    - 数字货币的内涵
    - 数字货币使用场景
    - 数字货币的风险
  - 了解数字货币业态发展
    - 非法定数字货币的发展
    - 法定数字货币的发展
  - 了解数字货币监管
    - 国外数字货币监管
    - 我国数字货币监管
  - 案例分析
  - 数字货币合规实训

任务一　认识数字货币

一、数字货币的内涵

（一）数字货币的概念

2008 年，中本聪发表了自己的一篇论文——《比特币：一种点对点的电子现金系统》，陈述了电子货币新设想。2009 年比特币面世，2010 年首次用于交易支付，美国程序员 Laszlo Hanyecz 用 10 000 个比特币购买了两块比萨，比特币正式充当货币媒介用于商品交换。此后，相继出现了莱特币、以太坊等形形色色的数字货币。

数字货币是基于密码学理论，运用一种开源的 P2P（Peer-to-Peer，即点对点）技术软件，根据计算机算法产生存储于电子设备，通过分布式记账实现交易，能够满足价值尺度和交换媒介职能的一种密码代币。数字货币的发行不依赖中央银行，通常由开发者发行和管理，被特定虚拟社区的成员接受和使用，没有中央服务器和监管方，其运行是基于所有参与者。欧洲银行业管理局将虚拟货币定义为：价值的数字化表示，不由央行或当局发行，也不与法币挂钩，由于被公众所接受，因此可作为支付手段，也可以电子形式转移、存储或交易。

动动手：请通过网络查询几种常见的数字货币。

（二）数字货币的发行与分类

从发行主体的角度可以将数字货币分为非法定数字货币和法定数字货币。早期的数字货币属于非法定数字货币，是由私人或者民间组织机构尝试研发，独立于央行货币系统，具有去中心化、流通快和难以监管的特点。由于数字货币具有匿名性、去中心化、不可篡改、发行量稳定等特点，符合公众对货币功能的定位与使用需求，但其脱离政府监管所带来的风险值得注意。相较于纸币，数字货币能够降低交易成本，有利于提高经济效率，且具有高度匿名性的特点，能够保护交易者的隐私。非法定数字货币的去中心化、匿名性和高波动性特征会冲击目前的金融秩序，倒逼央行发行法定数字货币。同时央行发行数字货币具有国家信用作支撑的天然优势，能够通过中央调节机制来保证数字货币币值的稳定性。

法定数字货币包括三种发行模式：一是中央银行大账户模式，公众直接在央行开立账户；二是央行与商业银行合作共同发行数字货币；三是类似于央行出现以前的货币体系，随着数字货币的自然演化逐渐形成。从主要内容和技术模式来看，未来发行数字货币有三种方式：中央记账型、记账节点散布型和中央-散点型。现实的数字货币发行模式设计归纳为两种模式：一种是中国人民银行开设账户，中国人民银行直接面向公众发行央行数字货币，直接负责全社会的央行数字货币的发行、流通和维护服务；另一种是采用中国人民银行现行人民币发行的“中央银行-商业银行”的二元体系模式，由央行与商业银行共同发行。

（三）数字货币的特征

数字货币独特的运行机制决定了其具有以下基本特征：

1. 安全性

比特币只存在于计算机的虚拟世界，其本质是一堆代码。出于安全性考虑，比特币使用遍布整个点对点网络节点的分布式数据库来记录货币的交易，并使用密码学的设计来确保货币流通环节的安全。

2. 去中心化

比特币没有任何中央发行机构或管制单位，发行没有国家信用背书和抵押物，不受任何中央银行的控制。它以一套编码系统为基础，依据一个加密算法通过复杂计算产生。比特币的支付没有中央控制中心，货币转账是由网络节点进行集体管理，用电子签名的方式实现流通。流通性完全依赖持有者之间的信任。

3. 匿名性

比特币通过公开密钥技术，不再依赖账号系统，交易双方可以随意生成自己的私钥，而将与其对应的公钥告知付款人即可收到款项。下次再使用时，可以重新生成一对公私钥进行交易。这种一次一密的做法可以做到完全匿名交易，无法追踪溯源。

4. 交易成本低、交易便捷

与传统的银行转账、汇款等方式相比，数字货币交易不需要向第三方支付费用，几乎是实时交易且没有手续费，交易成本极低，只需占用交易人计算机的存储空间和网络带宽。数字货币交易无须中间人，无须通过任何金融机构就可方便地在互联网上进行汇款，也没有任何第三方可以控制或阻止货币交易，适宜用作跨境支付。

5. 不会产生通货膨胀

受算法的限制，比特币固定了基础货币的投放总量，比特币的总供应量永远不会超过 2 100 万个，无法随意增发，不会因价格上涨，增加货币供给。这种限制避免了由中央银行的不良政策和人为干扰导致的通货膨胀。

6. 专属所有权

操控数字货币需要私钥，它可以被隔离保存在任何存储介质中。除了主人之外无人可以获取。通常数字货币只能被它的真实拥有者使用，而且仅一次，支付完成后原主人即失去对该份额比特币的所有权。

数字货币新颖的理念和模式产生了一定的积极影响："去中心化"让用户可以直接进行点对点的交易，不需要金融机构的介入，提高了交易效率并且降低了交易成本，促使银行等金融机构提升服务水平，降低交易费用；分布式总账模式使得任何人都无法伪造货币，这样就杜绝了现有货币体系里存在假钞的问题，从而减少了交易风险；数字货币的使用不需要在任何金融机构开户，能够大幅度提高金融业不发达地区资本流动水平，促进经济发展；匿名性有利于保护隐私。

想一想：数字货币与区块链技术的内在逻辑联系是什么？

二、数字货币使用场景

数字货币
与区块链

数字货币的使用场景越来越丰富，用户接受度日益增长。目前，数字货币的使用已经覆盖了消费购物、工资支付、交通出行、旅游出行、外卖结算和学费支付等各类场景，不断拓展的落地场景也带来了更加广泛的消费人群。主要的数字货币使用场景如表 5-1 所示。

表 5-1　数字货币的使用场景

使用场景	基本情况
消费购物	2019 年 7 月，澳大利亚连锁超市品牌 IGA 的 1 400 多家 i 门店接受比特币和其他加密货币支付；2019 年 4 月，加密支付处理初创公司 Moon 宣布只要通过其浏览器扩展应用，所有支持闪电网络的钱包都可以在亚马逊网站上直接花费比特币等加密货币；2020 年，部分欧美线上零售商开始接受以太坊等数字货币支付；2021 年，奢侈品电商平台 Mytheresa 一度允许客户使用比特币等加密货币付款。全球数字货币市场预计 2025 年规模突破 10 万亿美元。截至 2025 年 5 月，中国数字人民币试点范围覆盖 17 个省（自治区、直辖市）的 26 个地区，多地交易规模、钱包开立数持续增长，使用场景不断拓宽。如温州截至 2025 年 2 月末，数字人民币受理商户数超 30 万户，在十足便利店等日常消费场景广泛使用。
工资支付	2018 年 3 月—2019 年 4 月，瑞士传媒巨头 Netzmedien、日本网络服务提供商 GMO Internet Group 以及 NBA 球队独行侠、国王等开始用比特币结算工资；2019 年 6 月新西兰税务局（IRD）在其发布的所得税法中指出，员工可以通过加密资产支付工资；2019 年 9 月摩根溪联合创始人 Pomp 评论称，新西兰成为第一个将比特币替代国家主权货币支付工人工资合法化的国家；2020—2021 年，一些科技初创公司开始尝试用稳定币（如 USDT）为远程工作的员工发放部分工资；2022 年，部分区块链相关企业采用数字货币组合形式支付工资。我国基于数字人民币可追溯特点，将数字政务、代发工资等功能与数字普惠金融结合，部分地区和企业探索用数字人民币发放工资，使资金发放精准、流转透明。
交通出行	2019 年 2 月，阿根廷 37 个城市的居民可以使用比特币支付公共交通费用；2019 年 7 月，挪威航空公司宣布将推出比特币兑换服务，除了进行比特币交易，该公司的客户还可以使用比特币购买机票；2020 年，美国一些出租车公司开始试点接受数字货币支付；2021 年，欧洲部分共享出行平台允许用户使用数字货币支付行程费用；2024 年上海数币“乘车码”实现公交、地铁、磁悬浮、轮渡等交通领域全面应用；温州公共交通数币支付普及，建行温州分行联合打造数币公交场景，覆盖 200 多条公交线路、2 200 多辆公交车，公交场景交易笔数达 29 万笔，交易金额近 60 万元。
旅游出行	2014 年 6 月美国旗游公司 Expedia 通过 Coinbase 接受比特币预订酒店和航班；2019 年 4 月英国最大的旅行管理公司 Corporate Traveler 接受比特币付款；2020—2021 年，一些小众旅游目的地的酒店开始接受数字货币预订；2022 年，部分国际旅行社开始提供数字货币支付旅游套餐服务。我国数字人民币在旅游领域应用逐步拓展，支持酒店预订、旅游套餐购买等。部分国际旅行目的地尝试提供数字人民币支付旅游服务。
外卖结算	2019 年 1 月，德国最大的在线食品配送平台 Lieferando.de 已经扩展到超过 1.3 万家餐厅，并接受比特币付款，该公司表示，使用比特币付款不会收取任何手续费，而使用 PayPal 和信用卡支付费用则需要额外支付 6%；2020 年，部分亚洲地区的本地外卖平台开始测试数字货币支付功能；2021—2022 年，一些全球性外卖平台在特定地区试点接受数字货币付款。2020—2024 年，我国数字人民币在零售支付中的渗透率从 5%提升至 32%，交易额突破 4.8 万亿元。
学费支付	2018 年 10 月，法国金融商学院提供金融和区块链技术的研究生课程，允许学生用数字货币支付学费；2020—2021 年，一些国际教育培训机构开始接受数字货币支付课程费用；2022 年，个别艺术院校允许学生用数字货币支付艺术课程学费。教育领域对数字货币接受度逐渐提升，后续可能有更多教育机构跟进。

三、数字货币的风险

数字货币存在各种风险，比如容易被用于洗钱、赌博等违法犯罪活动。同时，由于具有很强的匿名性，数字货币的网络交易很难进行监管取证和处罚。另外，数字货币可能引发市场混乱，破坏货币流通秩序，利用数字货币购买现实的产品和服务，间接增加了现实世界的货币流通总量，可能导致央行对数字货币总量无法控制，从而妨碍央行货币政策的实施；还会因为目前对数字货币法律管理缺位和网络技术的不完善等，使得消费者的合法权益和虚拟财产难以得到有效保障。数字货币的具体风险表现为技术风险、信用风险、法律风险、操作风险和道德风险。

虚拟货币的优势及风险

（一）技术风险

技术风险主要是区块链技术风险。区块链技术是加密数字货币的底层核心技术，虽然区块链技术的去中心化、分布式存储等特点在未来具有广阔的发展空间，但是仍存在以下缺陷：一是相关配套技术较为落后。如与之相关的区块链应用平台缺乏法律的监管，就容易成为犯罪分子洗钱的场所，同时区块链应用平台的管理理念与方式具有不成熟性和不稳定性，与现行法律法规存在冲突。二是区块链技术并非百分之百安全。虽说比特币网络系统因其稳健性和自我修复性而很难被彻底破坏，具有很高的安全性，但现实中比特币的算法已经被量子算法攻破。三是区块链技术的智能合约还未真正落地，智能合约双方出现分歧是一种常态，双方达成共识也非易事。交易平台的技术风险也是一个较为严重的问题。加密数字货币自身具有很高的安全性，但是货币账户和数字货币交易平台存在被黑客攻击的风险。以比特币为例，私钥是用户比特币所有权的唯一证明，那么黑客只需盗取用户的私钥就可以获得比特币。同时，比特币的匿名性使得很难锁定比特币的去向，被盗的用户无法向相应的仲裁机构申诉，即使可以申诉，被盗的用户已经无法通过私钥来证明自己的所有权，导致取证困难，难以挽回损失。此外，数字货币的存储技术也不安全，大部分加密货币以一串数字代码的形式存储于计算机硬盘、U 盘等电子设备，而这些存储介质一旦损坏、丢失或者被盗，并且没有对“数字货币钱包”备份，就没有第三方证明用户的数字货币的所有权，那么也就意味着将失去这些数字货币。

（二）信用风险

不同于人民币基于国家信用，私人数字货币的发行是一种算法信用，如比特币是通过进行大量运算来建立新区块从而获得的。只有接纳这种算法信用的群体，才会接受比特币，而对这些算法技术不了解或者不认同的群体，是难以接受的，这就带来了信用上的风险。这种信用风险自然是由其设计本质决定的，同时还有其他因素会影响群众对加密数字货币的信心，降低对其信任值。信用风险表现为币值的高度不稳定。加密数字货币大多价格不稳定。以比特币为例，比特币价格主要取决于公众信心，一旦政策上有什么风吹草动或者“黑天鹅”事件，比特币价格就会暴涨暴跌。因此私人数字货币缺乏权威信用保障，价格很不稳定，容易沦为投机的工具。

（三）法律风险

数字货币交易平台作为市场运行的关键枢纽，技术架构相对脆弱，成为黑客攻击的高发目标。据知名网络安全机构 2024 年报告显示，全球范围内数字货币交易平台遭受的重大黑客攻击事件较上一年增长了 30%，造成直接经济损失高达数十亿美元。黑客通过窃取用户私钥、操纵交易数据等手段，不仅致使投资者资产瞬间蒸发，更对交易平台的信誉与稳定性造成致命打击。法律监管层面，数字货币交易平台也面临诸多空白与模糊地带。多数国家尚未针对数字货币交易平台构建完善的法律规范体系，导致平台在设立、运营、监管等环节缺乏明确指引。部分交易平台借此漏洞，在用户身份验证、资金托管、交易信息披露等方面存在严重违规行为，极易沦为犯罪分子非法交易与洗钱的温床。以 2024 年曝光的某东南亚交易平台为例，该平台被指控为跨国犯罪集团提供洗钱服务，涉及金额高达数亿美元，引发国际社会广泛关注。

随着比特币的成功示范，ICO 发行模式在全球范围内呈现爆发式增长，与之相伴的风险隐患也日益突出。从法律性质来看，ICO 初始发行的数字代币定位模糊。项目发起者通常宣称代币既非公司股权，亦非债权，而是对应项目产品或服务的使用权。然而，其实际运作中往往蕴含浓厚的投资属性，远远超出一般买卖合同的范畴。这种法律定性的不明确，使得现有监管框架难以有效覆盖，导致 ICO 项目在发行过程中缺乏必要的监管审批与合规约束。据不完全统计，2024 年全球新发起的 ICO 项目中，超过 70%未经过任何官方监管机构审核，处于监管真空状态。2024 年，美国证券交易委员会（SEC）曝光多起 ICO 诈骗案件，涉案金额累计超过 10 亿美元，众多投资者血本无归。

（四）操作风险

数字货币的运行机制中涉及精密的算法以及区块链技术，技术上已具有很高的安全性，同时在互联网中形成了一个分散化的系统，在理论上做到了任何人或者机构都不能够操纵数字货币。但由于数字货币的运行依靠网络和算法程序，算法设计、网络设备等环节中任何的失误都会威胁数字货币的稳定运行，且易遭受恶意木马病毒以及黑客攻击。另外，数字货币体系里，直接参与者还需要面对操作风险。日本最大的比特币交易平台 Mt. Gox 于 2014 年 3 月宣称受到黑客攻击，损失了超过 75 万枚比特币，当时市值约 3.65 亿美元，造成用户的巨额损失。数字货币一般储存在移动设备、计算机或在线钱包中，这些硬件极易受到外界的干扰，震动、潮湿等环境及长时间使用等因素都会损坏这些设备，一旦这些设备丢失或损坏，用户就会丢失其拥有的数字货币。

（五）道德风险

比特币交易具有匿名性，无中心监控系统，资料没有记录，因此可能会被用来进行非法交易，如洗钱和毒品交易，沦为犯罪工具。比特币匿名的特征为犯罪分子提供了隐蔽的交易通道，同时比特币可以在全球主要交易平台间自由流动和兑现，其支付几乎不受限制，这也为犯罪分子利用比特币诈骗、洗钱、转移非法资产、进行违法交易等提供了便利性。如在香港注册的比特币交易平台 GBL 负责人携款跑路案，导致 1 000 多名投资者损失超过 2 500 万元人民币。

想一想：该如何避免数字货币的风险？

任务二　了解数字货币业态发展

一、非法定数字货币的发展

随着金融科技的发展，数字货币取得飞跃成长。2009 年 1 月，比特币首次出现，引起全世界的关注，并应用于相关领域。2014 年 9 月，eBay 宣布接受比特币支付，为比特币在商业支付领域的应用打开了新的局面。2017 年 2 月，比特币成功突破了 1 万美元大关，当年 12 月达到近 2 万美元的历史高点。而 2018 年比特币价格出现大幅跳水，当年 2 月价格跌至 6 000 美元。由于数字货币具有匿名性，容易滋生洗钱、逃税和恐怖融资等社会问题，2018 年 3 月，二十国集团（G20）财政部长和中央银行行长会议在阿根廷首都布宜诺斯艾利斯闭幕并发表联合公报，公报将数字货币定义为加密资产而非货币。2018 年 7 月，由二十国集团主要经济体的央行、财政部和金融监管机构等组成的金融稳定委员会（FSB）发布的《数字资产》报告指出，尽管目前加密资产不对全球金融稳定构成重大风险，但鉴于市场发展速度和数据缺口，需要进行密切监控。根据 Coinmap 数据，2019 年全球有 15 355 个商家接受比特币。数字货币的使用场景愈加丰富，使其用户接受度不断增长。根据最新的加密支付地图 BTC Map 统计数据，截至 2025 年，全球接受比特币支付的商家数量出现了显著增长，已远超 2023 年的水平。2023 年，新增超过 6 300 家商店支持比特币支付，几乎是 2022 年数量的三倍之多。

从地域分布来看，当前愿意接受比特币支付的商家遍布全球，但主要集中在欧洲与美国等地区。在欧洲，由于其较为成熟的金融科技环境以及对新兴支付方式的开放态度，众多商家纷纷加入接受比特币支付的行列。美国作为金融创新的前沿阵地，在数字货币支付领域同样表现突出，无论是大型零售企业还是小型商户，都在积极探索比特币支付的可能性。

除欧美地区外，在一些经济状况不稳定的国家，如土耳其、阿根廷等，比特币等数字货币的商家接受度也相对较高。这些国家由于本国货币面临通货膨胀、汇率波动等问题，使得民众和商家寻求更为稳定的支付和保值手段，数字货币因此获得了一定的市场空间。

在亚洲，以中国台湾地区为例，根据 BTC Map 统计数据，北中南地区加起来约有 64 家商家愿意接受比特币支付。而从 Coinmap 等平台的综合数据来看，全球范围内接受比特币支付的商家已广泛分布于餐饮、零售、旅游、娱乐等多个行业，数量超过 10 万家。随着时间的推移，数字货币的使用场景持续丰富，从传统的线上交易，逐渐拓展到线下实体店铺，如咖啡馆、餐馆、杂货店、酒店、夜店等场所，这进一步推动了用户对数字货币的接受度。尽管从全球总人口占比来看，使用数字货币进行交易的人群仍占少数，但使用人数正处于持续增长态势。

在数字货币发展历程中，淘宝网2014年便禁止使用数字货币，这一举措拉开了我国对数字货币交易规范的序幕。2017年1月，金融监管部门对比特币中国、火币网和货币银行的交易平台开展现场检查，显示出对数字货币交易平台监管的重视。同年9月，中国人民银行等七部委联合宣布，首次代币发行（ICO）属于违法金融活动，彰显了对新兴数字货币融资形式的严格把控态度。鉴于金融法律法规的滞后性以及金融监管技术的限制，我国对数字货币实施严格管理，禁止一切交易活动。2021年9月，中国人民银行等十部门联合发布《关于进一步防范和处置虚拟货币交易炒作风险的通知》，明确将加密货币相关业务活动全部界定为非法金融活动，予以严格禁止，旨在全面遏制虚拟货币交易炒作可能带来的金融风险，维护金融市场的稳定与安全，保护投资者的合法权益。2022年10月31日，香港财经事务及库务局正式发布《有关香港虚拟资产发展的政策宣言》，立志要成为全球加密市场的中心。2025年6月26日，香港特区政府发布《香港数字资产发展政策宣言2.0》，重申特区政府致力将香港打造成数字资产领域中的全球创新中心。

二、法定数字货币的发展

（一）世界各国法定数字货币的发展

全球各国央行纷纷宣布将会推出基于国家信用、中心化的数字货币。2015年，厄瓜多尔率先推出国家版数字货币，该举措不但能减少发行成本及增加便利性，还让偏远地区无法拥有银行资源的民众也能通过数字化平台获得金融服务。

如今，各国对央行法定数字货币的探索已进入新阶段。根据国际清算银行2023年的调查，在受访的86家央行或货币当局中，参与央行数字货币（CBDC）开发的比例飙升至93%。其中，超过半数已完成概念论证，进入开发试点阶段，约6%的央行或货币当局已尝试运行或发行CBDC。在众多国家中，巴西的数字货币进程备受瞩目。2023年6月，巴西央行行长罗伯托·坎波斯·内托宣布，将于2024年底正式推出数字货币——数字雷亚尔。目前，巴西央行已公布首批14家参与数字雷亚尔试点项目的机构和公司名单，这些参与者正陆续接入测试平台，开展大型批发交易、个人消费以及公司存款的代币化测试。2025年2月，数字雷亚尔试点测试进入第二阶段。此外，巴西还将去中心化金融融入数字货币实验，致力于打造多维CB-

DC，以解决传统市场面临的难题，同时计划借助开放金融平台加速全国代币化进程。

部分国家在央行数字货币的探索上出现了转向。加拿大央行自2019年起公开研究央行数字货币，历经近五年的探索，最终搁置发行“数字加元”的计划。2024年初发布的研究报告指出引入央行数字货币有助于维护货币主权和金融稳定，但另一项研究表明其可能导致国内银行存款减少12%。2023年11月的民意调查显示，80%的受访者强烈反对加拿大央行研发数字货币，主要担忧涉及“政治化银行”和隐私威胁。加拿大央行表示将继续针对国内外支付方式的演变开展政策研究与分析。2024年初，英国称在实施央行数字货币之前需开展进一步研究；澳大利亚也调整计划，从零售型央行数字货币转向批发型央行数字货币。

与之形成对比的是，诸多国家积极推进央行数字货币的研发与试点。瑞典央行对“电子克朗”的测试持续进行，在“隔离测试环境”中，模拟用户可通过手机应用程序在数字钱包中进行付款、存款和取款等操作。塞内加尔央行发行的法定数字货币eCFA，具备高安全性，支持电子钱包或手机钱包，有力推动了数字货币系统的生态化发展。日本财务省、金融厅和央行联合开展数字货币试行项目，并围绕数字货币进行实证分析与讨论。欧洲央行设立专门委员会管理数字货币，不断优化数字货币系统设计，还发布了R3 Corda平台相关系列产品。

此外，据国际清算银行调查，发展中国家央行试点CBDC的比例几乎是发达国家央行的2倍。在亚洲，泰国银行积极尝试，探索运用中央银行数字货币改善金融机构之间支付效率。我国香港金融管理局就多个用途进行研究和试验，包括贸易融资、数字身份管理和KYC/AML（反洗钱）流程。沙特阿拉伯联合阿联酋开展试点，以便在两国之间进行银行间支付和结算。柬埔寨于2020年发行数字货币“巴孔”，印度在2023年12月启动数字卢比试点并持续扩大服务范围。在拉美和加勒比地区，受“美元化”与“加密货币化”影响，巴哈马、牙买加、东加勒比货币联盟已推出CBDC。部分受制裁的发展中国家，如伊朗为绕过国际制裁积极研究数字货币；委内瑞拉推出以石油为支撑的“石油”数字货币，期望借此突破经济困境，在国际贸易与金融活动中寻求新的发展机遇。截至2025年，世界部分国家和地区央行发行法定数字货币进程如表5-2所示。

表 5-2　截至 2025 年世界部分国家和地区央行发行法定数字货币进程

国家/地区	央行发行法定数字货币的态度	理由
菲律宾	研究中	—
以色列	研究中	加强国家支付系统效率，若能承担利息，可成为央行的货币工具，还有助于打击“影子经济”
丹麦	研究中	解决纸币存在的问题
荷属库拉索岛和圣马丁岛	研究中	央行在两个成员间分配资金成本高且具挑战性，数字货币能使货币联盟支付系统更安全，降低反洗钱成本
东加勒比	计划推出	将国内流通现金减少 50%，为金融部门带来更多稳定性，促进东加勒比货币联盟成员国的发展
厄尔瓜多	已发行	—
突尼斯	已发行	推动国内金融体制改革
塞内加尔	已发行	金融普惠
马绍尔群岛	已发行	取代美元的货币流通体系，实现国家经济独立地位
乌拉圭	已发行	钞票的印刷、分销、运输和交易的不透明带来了高昂的费用
委内瑞拉	已发行	国家陷入恶性通货膨胀，原有的法定货币体系崩溃
新加坡	研究中	目前 MAS 的 Project Ubin 体系内的数字货币 SDG 起到银行间流转的作用，尚未表明未来向公众开放
立陶宛	计划推出	旨在测试加密货币和分布式账本技术
泰国	计划推出	目标是让银行间的交易能因为中介过程更少，加快交易速度并降低成本
俄罗斯	2025 年 7 月启动试点测试，计划 2026 年 9 月正式启用	在金砖国家内部，加密货币可以取代成员国之间使用的美元和其他货币
澳大利亚	暂不考虑	未能确定数字货币相对于现有支付系统的好处
新西兰	暂不考虑	不清楚央行发行数字货币是否能带来确切的好处
日本	暂不考虑	出于维护金融稳定的考虑
加拿大	研究中	现金的竞争力在下降，其他支付途径兴起，良好的央行数字货币有助于促进在线支付供应商的竞争
巴哈马	计划推出	为了提高巴哈马各社区的运营效率，促进金融普惠，减少现金交易并降低服务成本
巴西	研究中	减少现金周期中的费用；增加支付系统和货币供给的效率和弹性，可追溯并产生数据；金融普惠并提高数字社会进程

续表

国家/地区	央行发行法定数字货币的态度	理由
中国	2025 年进入全面推广阶段	降低纸币发行和流通成本，提升交易的便利性和透明度，减少监管成本，提升央行对货币供给和流通的控制力
挪威	研究中	作为现金的补充，以确保人们对货币和货币体系的信心
瑞典	计划推出	作为现金的补充，减少国民对于私人支付系统的依赖，防止危机时期私人支付系统发生故障
英国	研究中	英国仍将致力于实物货币，但也须跟上经济变化的步伐，数字支付在未来有一席之地，但真正的数字货币还需要一段时间
韩国	实操阶段	测试分布式账本技术在实时结算中的应用，以及智能合约在政府补贴发放等场景的可行性验证；探索数字货币在跨境证券结算中的应用
欧盟	2025 年 5 月，数字欧元正式启动试点	应对美元稳定币和美国科技公司主导的电子支付系统对欧洲金融体系的渗透，维护欧元主权

这些都标志着各国（地区）央行对数字货币有着极高的关注度。各国央行均认识到数字货币能够替代实物现金，降低传统纸币发行、流通的成本，提高支付结算的便利性；增加经济交易透明度，减少洗钱、逃漏税等违法犯罪行为，提升央行对货币供给和货币流通的控制力；同时，通过发展数字货币背后的区块链技术应用，扩展到整个金融业及其他领域，确保资金和信息的安全，提升社会整体效能。

（二）我国法定数字货币的发展

我国法定数字货币——数字人民币的研发与试点工作稳步推进。2014 年开始探索推出法定数字货币。2016 年 1 月，中国人民银行成立数字货币研究所。2017 全球区块链企业专利排行榜中，中国央行旗下的数字货币研究所以 33 个专利的数量排名第三。目前我国已成立“一币、两库、三中心”的研发体系，稳步推进数字货币研发工作，并将区块链技术应用于票据交易中。2014—2025 年我国央行数字货币发展历程如表 5－3 所示。截至 2025 年 5 月，数字人民币试点范围已扩展至 17 个省（自治区、直辖市）的 26 个地区，在批发零售、餐饮文旅、教育医疗等多领域不断探索创新应用场景，数字人民币 App 累计开立个人钱包 1.8 亿个，试点地区累计交易金额达 7.3 万亿元。其在构建基础框架体系、提升服务水平等方面取得显著进展，如丰富产品体系，完善受理环境，提升境外来华人员使用便利度。

表 5-3　2014—2025 年我国央行数字货币发展历程

时间	研究进程
2014 年 3 月	成立数字货币研究小组，论证央行发行法定数字货币的可行性
2015 年 5 月	发布央行发行数字货币的系列研究报告，央行发行数字货币的原型方案完成两轮修订
2016 年 1 月	召开了数字货币研讨会，进一步明确央行发行数字货币的战略目标，论证央行数字货币对中国经济的意义，并认为应尽早推出央行数字货币
2016 年 7 月	启动了基于区块链和数字货币的数字票据交易平台原型研发工作，决定使用数字票据交易平台作为法定数字货币的试点应用场景，并借助数字票据交易平台验证区块链技术
2016 年 9 月	成立了数字票据交易平台筹备组，启动了数字票据交易平台的封闭开发工作
2016 年 12 月	完成了对区块链的首个试验，几家主要的商业银行参与了此次试验
2017 年 1 月	正式成立数字货币研究所，并在国务院批准下，开展 DC/EP 的法定数字货币研发工作
2017 年 2 月	推出的数字票据交易平台开始进行测试
2018 年 1 月	数字票据交易平台实验性生产系统成功上线试运行，结合区块链技术前沿和票据业务实际情况，对前期数字票据交易平台原型系统进行了全方位的改造和完善
2019 年 10 月	中国人民银行数字货币研究所与京东数科等签署战略合作协议，探索数字货币在多场景的应用创新
2020 年 1 月	央行发布《盘点央行的 2019：金融科技》，表示基本完成法定数字货币顶层设计、标准制定、功能开发、联调测试等工作
2020 年 4 月	央行宣布首批“4+1”数字人民币试点地，包括深圳、苏州、雄安、成都，加上冬奥会场景
2020 年 5 月	苏州相城区部分公务员的工资中交通补贴的 50%以数字货币的形式发放
2020 年 10 月	深圳市开展数字人民币红包试点，5 万名市民中签，每人获得 200 元数字人民币红包用于消费体验
2020 年 12 月	全国首张数字人民币保单和数字人民币电商平台消费诞生
2021 年 4 月	央行数字货币研究所与美团达成战略合作，数字人民币在生活缴费、餐饮消费、交通出行等美团生态场景展开试点
2021 年 7 月	数字人民币试点范围进一步扩大，上海、海南、长沙、西安、青岛、大连等新一批城市加入试点
2021 年 12 月	北京冬奥组委启动“数字人民币北京冬奥试点场景建设”，围绕食、住、行、游、购、娱、医七大重点领域的支付服务需求，推进数字人民币的应用
2022 年 2 月	北京冬奥会期间，数字人民币在赛事场景大规模应用，为国内外运动员、观众等提供便捷支付体验

续表

时间	研究进程
2022 年 5 月	央行数字货币研究所与工商银行等多家银行联合开展数字人民币跨境支付应用研究，探索跨境贸易等场景的应用模式
2022 年 8 月	多地开展数字人民币消费节活动，通过发放数字人民币消费券等形式，刺激消费，推动数字人民币的普及应用
2022 年 11 月	数字人民币在上海进博会场馆内广泛应用，覆盖展览展示、餐饮、零售等多种场景，助力进博会数字化支付服务
2023 年 3 月	央行数字货币研究所发布多项数字人民币相关专利，涉及数字货币的安全存储、交易验证等技术领域
2023 年 6 月	数字人民币智能合约技术在供应链金融、政务服务等领域开始试点应用，拓展数字人民币的功能应用边界
2023 年 9 月	央行数字货币研究所与香港金融管理局等就数字人民币跨境应用开展联合研究，推进粤港澳大湾区数字人民币应用创新
2023 年 12 月	数字人民币试点城市进一步扩容，更多城市加入试点行列，数字人民币的应用场景进一步丰富，涵盖政务缴费、教育医疗等领域
2024 年 3 月	央行推动数字人民币与传统金融系统的深度融合，优化数字人民币的清算结算体系，提高支付效率
2024 年 6 月	数字人民币在乡村振兴领域开始试点推广，助力农村电商、农业生产资料购买等场景的数字化支付
2024 年 9 月	数字人民币跨境贸易结算应用取得阶段性成果，在部分“一带一路”共建国家和地区开展试点合作
2024 年 12 月	数字人民币硬钱包技术不断升级，推出更便捷、更安全的多种形态硬钱包，满足不同用户群体需求
2025 年 3 月	央行数字货币研究所开展数字人民币应用效果评估工作，总结前期试点经验，为下一步推广提供决策依据
2025 年 5 月	研究制定数字人民币相关法律法规和监管细则，进一步完善数字人民币的制度体系，为数字人民币的全面推广奠定法律基础

在香港地区，数字货币发展政策呈现出积极探索的态势。2022 年 10 月 31 日，香港财经事务及库务局发布《有关香港虚拟资产发展的政策宣言》，表明立志成为全球加密市场中心的决心。此后，香港在虚拟资产监管与发展方面动作不断。2025 年 2 月 17 日，香港财经事务及库务局工作人员透露，正致力于为稳定币发行者建立监管框架，拟规定在香港从事特定稳定币发行或推广活动的实体须获许可证，该框架聚焦储备管理、投资者保护和合规性等关键领域。2 月 19 日，香港证监会发布“ASPIRe”路线图，围绕连接、保障、产品、基建和联系五大支柱，规划 12 项主要措施，以构建更安全、创新、开放的虚拟资产市场，且自 2024 年起，香港证监会审

批虚拟资产交易平台牌照效率大幅提升。同时，香港还将实施新的加密货币场外交易发牌制度，运用区块链技术开展黄金、基金代币化等创新实践。

总体而言，我国内地对虚拟货币交易秉持严禁态度，全力推进法定数字货币数字人民币的发展；香港地区则在坚守金融安全底线的基础上，积极探索虚拟资产的创新发展与合理监管，力求在全球虚拟资产领域占据重要地位。内地与香港在数字货币领域基于各自定位与目标，走出了不同却又相互关联的发展路径。

任务三　了解数字货币监管

数字货币产生后，各国对其采取了不同的态度，有的国家支持数字货币的发展，有的国家则明令禁止。

一、国外数字货币监管

国外数字货币监管可分为三个阶段：

（一）初识风险：加密货币的定性及警示

初始阶段，主要集中在 2012 年至 2014 年，与比特币的第三轮牛市紧密相连。尽管比特币早在 2009 年诞生，但在 2012 年前，针对加密货币的政策法规几乎为零。

在这一时期，欧盟率先对加密货币进行了定性。2012 年，欧洲中央银行发布了《虚拟货币体制》报告，明确指出虚拟货币是由虚拟社区成员认可、接受和使用的加密货币，其发布和监管不受官方控制，仅由开发者掌握。

2013 年，澳大利亚税务局确立了加密货币的双重征税制度，无论是购买还是使用加密货币购买应税物品，均需缴税。

随后，2014 年，欧盟、澳大利亚、新加坡等经济体纷纷出台加密货币监管政策，主要围绕风险提示和金融机构的谨慎参与。

（二）ICO 热潮下的监管收紧

第二阶段发生在 2017 年至 2018 年，正值比特币的第四轮牛市。在此期间，ICO（首次代币发行）热潮席卷市场，各种加密货币纷纷以不同形式进行 ICO。因此，各国监管的重点也集中在对 ICO 的收紧上。

2017 年，美国证券交易委员会（SEC）发布公告，明确指出发行的虚拟货币或代币如果属于证券范畴，将受到联邦证券法的管辖。这标志着美国监管机构对加密货币领域的首次发声。

除少数国家如韩国与中国政策相似外，以美国、日本、加拿大、欧盟、澳大利亚为代表的西方国家，虽然对 ICO 加强了监管，但并未采取全面禁止的“一刀切”方式。

（三）加密货币从边缘走向主流

第三阶段则是加密货币从边缘走向主流的过程，发生在 2020 年至 2022 年，伴随着比特币的第五轮牛市。在此之前，加密货币仅限于小范围人群，并未得到主流大众的接受。然而，从 2021 年开始，无论人们对加密货币持何种态度，其普及度已经显著提升。随着加密货币的普及，各国对虚拟货币的监管政策也迎来了新一轮的调整。

2020 年，俄罗斯赋予加密资产合法地位，标志着该国对加密货币态度的转变。同年，加拿大新增 Money Services Business（MSB）牌照，为加密货币交易提供合法许可。2021 年，加拿大进一步准许比特币和以太坊的基金发行。

2022 年 4 月，英国财政部公布了一系列旨在将该国转变为全球数字货币中心的举措，凸显了加密货币在全球范围内的日益重要地位。

2022 年 6 月，日本参院全体会议通过了《资金结算法》修正案，该法对与法定货币联动以稳定价值的数字货币“稳定币”运营方予以管制。该法规定，只有获得电子支付牌照的代理商才能够参与这类稳定币的发行业务。此举意在明确稳定币的法律定位，通过金融厅的监督保护使用者。

2022 年 9 月，美国发布首个加密货币综合监管框架，其内容包括金融服务行业应该如何促进跨国加密资产交易，以及如何打击数字资产中的欺诈行为，旨在实现精准监管，既保护客户利益、预防犯罪，又探索法定数字货币的潜力。

2025 年 7 月，美国众议院通过了《指导与建立美国稳定币国家创新法案》（简称《天才法案》）、《数字资产市场清晰法案》（简称《CLARITY 法案》）、《反 CBDC 监控国家法案》三项加密货币相关法案。三项法案体现了美国在数字资产监管领域的路径选择，体现了“市场而非政府”以及“维护美元主导”的政策理念。

二、我国数字货币监管

近年来，随着区块链技术的发展，通过发行代币形式包括首次代币发行进行融资的活动在国内大量涌现。此类活动投机炒作盛行，涉嫌从事非法金融业务，严重扰乱了经济金融秩序。为贯彻落实全国金融工作会议精神，保护投资者合法权益，防范化解金融风险，相关部门陆续出台一系列规定。

2013 年，正值比特币牛市巅峰，中国人民银行等五部委发布了《关于防范比特币金融风险的通知》，明确指出比特币是特定的虚拟商品，不具备与货币同等的法律地位，禁止其作为货币流通。这标志着国际上首次有国家主权明确加密货币的非货币地位，并禁止金融机构将其作为结算工具。

2017 年 9 月 4 日，中国人民银行、中央网信办、工业和信息化部、工商总局、银监会、证监会和保监会联合发布《关于防范代币发行融资风险的公告》。该公告明确指出比特币不是由货币当局发行，不具有法偿性与强制性等货币属性，不是真正意义的货币。任何代币融资交易平台不得从事法定货币与代币、“虚拟货币”的兑换、买卖等业务，不得为其提供定价、信息中介等服务；各金融机构和非银行支付机构不得直接或间接为代币发行融资和“虚拟货币”提供账户开立等产品或服务。

2018 年 8 月 24 日，银保监会、中央网信办、公安部、人民银行、市场监督管理总局发布了《关于防范以“虚拟货币”“区块链”名义进行非法集资的风险提示》。该提示指出，不法分子借“虚拟货币”“区块链”名义，以“金融创新”为噱头，实质是“借新还旧”的庞氏骗局，侵害公众合法权益，强调此类活动并非真正基于区块链技术，而是炒作概念行违法之实。

2020 年 7 月 22 日，最高人民法院联合国家发改委共同发布《关于为新时代加快完善社会主义市场经济体制提供司法服务和保障的意见》，明确提出加强数字货币的产权保护。

2021 年 5 月 18 日，中国互联网金融协会、中国银行业协会、中国支付清算协会联合发布《关于防范虚拟货币交易炒作风险的公告》，强调虚拟货币相关业务活动的违法性，指出开展法定货币与虚拟货币兑换以及虚拟货币之间的兑换业务、作为中央对手方买卖虚拟货币、为虚拟货币交易提供信息中介和定价服务、代币发行融资以及虚拟货币衍生品交易等相关交易活动，违反了有关法律法规，并涉嫌非法集资、非法发行证券、非法发售代币票券等犯罪活动。

（一）《关于防范代币发行融资风险的公告》

1. 主要规定

（1）准确认识代币发行融资活动的本质属性。代币发行融资是指融资主体通过代币的违规发售、流通，向投资者筹集比特币、以太币等所谓“虚拟货币”，本质上是一种未经批准非法公开融资的行为，涉嫌非法发售代币票券、非法发行证券以及非法集资、金融诈骗、传销等违法犯罪活动。有关部门将密切监测有关动态，加强与司法部门和地方政府的工作协同，按照现行工作机制，严格执法，坚决治理市场乱象。发现涉嫌犯罪问题，将移送司法机关。代币发行融资中使用的代币或“虚拟货币”不由货币当局发行，不具有法偿性与强制性等货币属性，不具有与货币等同的法律地位，不能也不应作为货币在市场上流通使用。

（2）任何组织和个人不得非法从事代币发行融资活动。本公告发布之日起，各类代币发行融资活动应当立即停止。已完成代币发行融资的组织和个人应当做出清退等安排，合理保护投资者权益，妥善处置风险。有关部门将依法严肃查处拒不停止的代币发行融资活动以及已完成的代币发行融资项目中的违法违规行为。

（3）加强代币融资交易平台的管理。本公告发布之日起，任何所谓的代币融资交易平台不得从事法定货币与代币、“虚拟货币”相互之间的兑换业务，不得买卖或作为中央对手方买卖代币或“虚拟货币”，不得为代币或“虚拟货币”提供定价、信息中介等服务。对于存在违法违规问题的代币融资交易平台，金融管理部门将提请电信主管部门依法关闭其网站平台及移动 App，提请网信部门对移动 App 在应用商店做下架处置，并提请工商管理部门（现为市场监督管理部门）依法吊销其营业执照。

（4）各金融机构和非银行支付机构不得开展与代币发行融资交易相关的业务。各金融机构和非银行支付机构不得直接或间接为代币发行融资和“虚拟货币”提供账户开立、登记、交易、清算、结算等产品或服务，不得承保与代币和“虚拟货币”相关的保险业务或将代币和“虚拟货币”纳入保险责任范围。金融机构和非银行支付机构发现代币发行融资交易违法违规线索的，应当及时向有关部门报告。

（5）社会公众应当高度警惕代币发行融资与交易的风险隐患。代币发行融资与交易存在多重风险，包括虚假资产风险、经营失败风险、投资炒作风险等，投资者须自行承担投资风险，希望广大投资者谨防上当受骗。对各类使用“币”的名称开展的非法金融活动，社会公众应当强化风险防范意识和识别能力，及时举报相关违法违规线索。

（6）充分发挥行业组织的自律作用。各类金融行业组织应当做好政策解读，督促会员单位自觉抵制与代币发行融资交易及“虚拟货币”相关的非法金融活动，远离市场乱象，加强投资者教育，共同维护正常的金融秩序。

2. 意义

《关于防范代币发行融资风险的公告》将ICO定性为非法融资行为，明确了虚拟货币并不具有与货币等同的法律地位，并要求即日停止各类代币发行融资活动。这表明了政府对虚拟货币的审慎态度，该公告对维持金融稳定和货币政策的有效传导具有重要意义。

（二）《关于防范比特币风险的通知》

2013年12月3日，人民银行、工信部、银监会、证监会、保监会（银发〔2013〕289号）发布《关于防范比特币风险的通知》（以下简称《通知》）。

1. 主要规定

《通知》明确了比特币的性质，认为比特币不是由货币当局发行，不具有法偿性与强制性等货币属性，并不是真正意义的货币。从性质上看，比特币是一种特定的虚拟商品，不具有与货币等同的法律地位，不能且不应作为货币在市场上流通使用。

《通知》要求，现阶段，各金融机构和支付机构不得以比特币为产品或服务定价，不得买卖或作为中央对手买卖比特币，不得承保与比特币相关的保险业务或将比特币纳入保险责任范围，不得直接或间接为客户提供其他与比特币相关的服务。包括为客户提供比特币登记、交易、清算、结算等服务；接受比特币或以比特币作为支付结算工具；开展比特币与人民币及外币的兑换服务；开展比特币的储存、托管、抵押等业务；发行与比特币相关的金融产品；将比特币作为信托、基金等投资的投资标的等。

为了避免因比特币等虚拟商品借“虚拟货币”之名过度炒作，损害公众利益和人民币的法定货币地位，《通知》要求金融机构、支付机构在日常工作中应当正确使用货币概念，注重加强对社会公众货币知识的教育，将正确认识货币、正确看待虚拟商品和虚拟货币、理性投资、合理控制投资风险、维护自身财产安全等观念纳入金融知识普及活动的内容，引导公众树立正确的货币观念和投资理念。

2. 意义

央行全面监测虚拟货币交易平台

比特币监管以去匿名化和经验制度安排为核心，是比特币由地下到地上、由无序到规范、由中国到世界、由野蛮生长到风险可控的过程。这个过程将实现比特币市场的法治化和规范化，有利于实现保护社会公众的财产权益、保障人民币的法定货币地位、防范系统性风险、反洗钱反避税以及维护金融稳定的监管目标，促进比特币金融的健康发展。

（三）《关于防范以“虚拟货币”“区块链”名义进行非法集资的风险提示》

2018 年 8 月 24 日，银保监会等部门发布了《关于防范以“虚拟货币”“区块链”名义进行非法集资的风险提示》（以下简称《风险提示》）。这是继央行等七部委 2017 年 9 月 4 日发布《关于防范代币发行融资风险的公告》后，再次对以虚拟币、区块链名义的非法集资活动进行风险警示。

1. 主要规定

《风险提示》明确了炒作区块链概念行非法集资、传销、诈骗之实的三个活动特征：

（1）网络化、跨境化明显。依托互联网、聊天工具进行交易，利用网上支付工具收支资金，风险波及范围广，扩散速度快。一些不法分子通过租用境外服务器搭建网站，实质面向境内居民开展活动，并远程控制实施违法活动。一些个人在聊天工具群组中声称获得了境外优质区块链项目投资额度，可以代为投资，极可能是诈骗活动。这些不法活动资金多流向境外，监管和追踪难度很大。

（2）欺骗性、诱惑性、隐蔽性较强。利用热点概念进行炒作，编造名目繁多的“高大上”理论，有的还利用名人“站台”宣传，以空投“糖果”等为诱惑，宣称“币值只涨不跌”“投资周期短、收益高、风险低”，具有较强蛊惑性。实际操作中，不法分子通过幕后操纵所谓虚拟货币价格走势、设置获利和提现门槛等手段非法牟取暴利。此外，一些不法分子还以 ICO、IFO（首次分叉发行）、IEO（首次交易发行）等花样翻新的名目发行代币，或打着共享经济的旗号以 IMO（首次矿机发行）方式进行虚拟货币炒作，具有较强的隐蔽性和迷惑性。

（3）存在多种违法风险。不法分子通过公开宣传，以“静态收益”（炒币升值获利）和“动态收益”（发展下线获利）为诱饵，吸引公众投入资金，并利诱投资人发展人员加入，不断扩充资金池，具有非法集资、传销、诈骗等违法行为特征。

2. 意义

《风险提示》指出，通过代币的违规发售、流通，向投资者筹集比特币、以太币等所谓“虚拟货币”，本质上是一种未经批准非法公开融资的行为，涉嫌非法发售代币票券、非法发行证券以及非法集资、金融诈骗、传销等违法犯罪活动。此类活动以“金融创新”为噱头，实质是“借新还旧”的庞氏骗局，资金运转难以长期维系。请广大公众理性看待区块链，提高风险防范意识，不要轻易相信所谓的高息“理财”，高收益意味着高风险。

《风险提示》强调，非法集资不受法律保护，根据我国现行法律法规，因参与非法集资活动受到的损失，由参与者自行承担，参与者利益不受法律保护。提醒广大公众理性看待区块链，不要盲目相信天花乱坠的承诺，树立正确的货币观念和投资理念，切实提高风险意识；对发现的违法犯罪线索，可积极向有关部门举报反映。

任务四　案例分析

案例

虚拟货币涉嫌非法集资

2013年至2014年期间，被告人陈某某经黄某某介绍，以合股形式，投资“万通奇迹”云套装，累计投入19.5万元，成为“万通奇迹”的会员，两人分工合作，通过微信群、QQ群等社交平台，以高额返利为由，直接或间接地吸收叶某某、劳某、马某某、刘某甲等数十人购买“万通奇迹”云套装，成为其会员，非法吸收公众存款共375.7万元，其中通过被告人陈某某账户吸收235.3万元。被告人陈某某及其同伙通过买卖“万通奇迹”积分非法牟利。

虚拟货币
案例解读

2013 年至 2014 年期间，被告人冼某某经陈某某介绍，投资美国万通金融投资集团（以下简称“万通公司”），购买“万通奇迹”云套装（每套装价值 1 999 美元，折合人民币 13 000 元），成为万通奇迹的会员，累计投入约 70 万元。被告人冼某某以投资“万通奇迹”项目可以获取高额利润为由，直接或间接地吸引徐某、丁某、马某、何某某、王某 2 等十七人成为“万通奇迹”会员，从中非法获利，其中经其账户非法吸收丁某、马某、王某 2 个人或其下线人民币约 165 万元，另外，徐某个人及下线累计汇入 1 100 万元投资款至北京万通瑞融投资有限公司账户，何某某汇款 80 万元至徐某甲（万通公司董事长，男）账户。被告人冼某某投资万通奇迹期间，帮助徐某卖积分给黄某某约 185 万元，卖积分给被告人陈某某约 100 万元。

2013 年至 2014 年期间，被告人周某某经谢某甲介绍成为“万通奇迹”会员，累计投入约 30 万元。被告人周某某以高额返利为由，直接或间接地吸引黄某甲、邓某 2、黄某、甘某、张某、袁某、赖某、郭某、余某、钟某甲、钟某乙、黄某乙、王某甲、陈某甲购买“万通奇迹”云套装，成为“万通奇迹”会员，非法吸收公众存款约 40 万元，并从中非法获得介绍费。

经查实，万通公司未获经营证券业务许可证、不具备吸收公众存款资格。历经多次判决，法院最终判决如下：(1) 被告人陈某某犯非法吸收公众存款罪，判处有期徒刑三年，缓刑三年六个月，并处罚金 85 000 元。(2) 被告人冼某某犯非法吸收公众存款罪，判处有期徒刑三年，缓刑三年二个月，并处罚金 80 000 元。(3) 被告人周某某犯非法吸收公众存款罪，判处有期徒刑一年六个月，缓刑一年八个月，并处罚金 20 000 元。(4) 随案移送由公安机关扣押的被告人陈某某用于作案的手机、银行卡等物品；被告人冼某某用于作案的电脑、手机、银行卡和网银 U 盾等物品；被告人周某某用于作案的电脑、手机、银行卡和笔记本等物品；予以没收，上缴国库或存档备查。

案例来源：中国裁判文书网，案号：(2016) 粤 1226 刑初 56 号。

法律链接[①]：

(1)《中华人民共和国刑法》。

第 176 条　非法吸收公众存款或者变相吸收公众存款，扰乱金融秩序的，处三年以下有期徒刑或者拘役，并处或单处二万元以上二十万元以下罚金；数额巨大或者有其他严重情节的，处三年以上十年以下有期徒刑，并处五万元以上五十万元以下罚金。单位犯前款罪的，对单位判处罚金，并对其直接负责的主管人员和其他直接责任人员，依照前款的规定处罚。

第 67 条　犯罪以后自动投案，如实供述自己的罪行的，是自首。对于自首的犯罪分子，可以从轻或者减轻处罚。其中，犯罪较轻的，可以免除处罚。被采取强制措施的犯罪嫌疑人、被告人和正在服刑的罪犯，如实供述司法机关还未掌握的本人其他罪行的，以自首论。犯罪嫌疑人虽不具有前两款规定的自首情节，但是如实供述自己罪行的，可以从轻处罚；因其如实供述自己罪行，避免特别严重后果发生的，可以减轻处罚。

第 64 条　犯罪分子违法所得的一切财物，应当予以追缴或者责令退赔；对被害人的合法财产，应当及时返还；违禁品和供犯罪所用的本人财物，应当予以没收。没收的财物和罚金，一律上缴国库，不得挪用和自行处理。

第 52 条　判处罚金，应当根据犯罪情节决定罚金数额。

第 53 条　罚金在判决指定的期限内一次或者分期缴纳。期满不缴纳的，强制缴纳。对于不能全部缴纳罚金的，人民法院在任何时候发现被执行人有可以执行的财产，应当随时追缴。由于遭遇不能抗拒的灾祸等原因缴纳确实有困难的，经人民法院裁定，可以延期缴纳、酌情减少或者免除。

(2)《最高人民法院关于审理非法集资刑事案件具体应用法律若干问题的解释》。

第 1 条　违反国家金融管理法律规定，向社会公众（包括单位和个人）吸收资金的行为，同时具备下列四个条件的，除刑法另有规定的以外，应当认定为刑法第 176 条规定的“非法吸收公众存款或者变相吸收公众存款”：(1) 未经有关部门依法批准或者借用合法经营的形式吸收资金；(2) 通过媒体、推介会、传单、手机短信等途径向社会公开宣传；(3) 承诺在一定期限内以货币、实物、股权等

① 此处法条是本案发生时适用的法律中的，部分现已有改动。

方式还本付息或者给付回报；（4）向社会公众即社会不特定对象吸收资金。

未向社会公开宣传，在亲友或者单位内部针对特定对象吸收资金的，不属于非法吸收或者变相吸收公众存款。

第3条　非法吸收或者变相吸收公众存款，具有下列情形之一的，应当依法追究刑事责任：（1）个人非法吸收或者变相吸收公众存款，数额在20万元以上的，单位非法吸收或者变相吸收公众存款，数额在100万元以上的；（2）个人非法吸收或者变相吸收公众存款对象30人以上的，单位非法吸收或者变相吸收公众存款对象150人以上的；（3）个人非法吸收或者变相吸收公众存款，给存款人造成直接经济损失数额在10万元以上的，单位非法吸收或者变相吸收公众存款，给存款人造成直接经济损失数额在50万元以上的；（4）造成恶劣社会影响或者其他严重后果的。

具有下列情形之一的，属于刑法第176条规定的"数额巨大或者有其他严重情节的"：（1）个人非法吸收或者变相吸收公众存款，数额在100万元以上的，单位非法吸收或者变相吸收公众存款，数额在500万元以上的；（2）个人非法吸收或者变相吸收公众存款对象100人以上的，单位非法吸收或者变相吸收公众存款对象500人以上的；（3）个人非法吸收或者变相吸收公众存款，给存款人造成直接经济损失数额在50万元以上的，单位非法吸收或者变相吸收公众存款，给存款人造成直接经济损失数额在250万元以上的；（4）造成特别恶劣社会影响或者其他特别严重后果的。

非法吸收或者变相吸收公众存款的数额，以行为人所吸收的资金全额计算。案发前后已归还的数额，可以作为量刑情节酌情考虑。非法吸收或者变相吸收公众存款，主要用于正常的生产经营活动，能够及时清退所吸收资金，可以免予刑事处罚；情节显著轻微的，不作为犯罪处理。

启示与建议：

这起利用网络虚拟货币进行非法集资的经济犯罪活动具有涉案金额大、专业性强、隐蔽性强等特点。传销、非法集资等涉众型经济犯罪活动有地域广、人员多、手段新等特点。经济犯罪活动往往会通过合法工商登记来打掩护，通过媒体宣传和请专业人士背书来获取信任，通过转移经营收益权等结构设计规避法律，给人们识别增加了极大的难度。然而，不管是网络虚拟货币还是P2P平台，说不清靠什么盈利只是拉人的，往往有问题。投资时一要仔细查看公司信息披露是否完全；二要看资金归集的账户是否是银行托管的账户，如果是自然人或者是平台自己的账户，风险就很大；三要看投资平台的资质是否合法；四要分散风险，建议群众小额投资、理性投资，不要心存侥幸。

任务五　数字货币合规实训

1. 实训目标

通过数字货币实训，让学生及时了解中国人民银行对数字货币的相关政策动态。

2. 实训要求

2019年11月28日，重庆市渝中区金融办联合区市场监管局、区公安分局和大石化管委会组成联合检查组对重庆仓舟网络科技有限公司进行突击检查。检查组核实，该公司行为已成为促成开展新加坡链信国际基金会CCT虚拟货币交易的诱因或事实，存在着利用代币开展非法集资的潜在风险。从一线城市到内陆，从矿业开始，到发币、交易、宣传，各地各类的币圈相关公司，相继被纳入整治范围内，这次的全国性整顿相较2017年的“94禁令”有过之而无不及。

要求：上网查询央行近几年来关于数字货币的行政法规与新闻报道，判断央行对数字货币的态度和下一步的行动计划。

3. 实训步骤

（1）登录中国人民银行网站（http://www.pbc.gov.cn）；

（2）在官网右上角找到搜索；

（3）在搜索框里输入关键字“数字货币”；

（4）页面呈现如下：

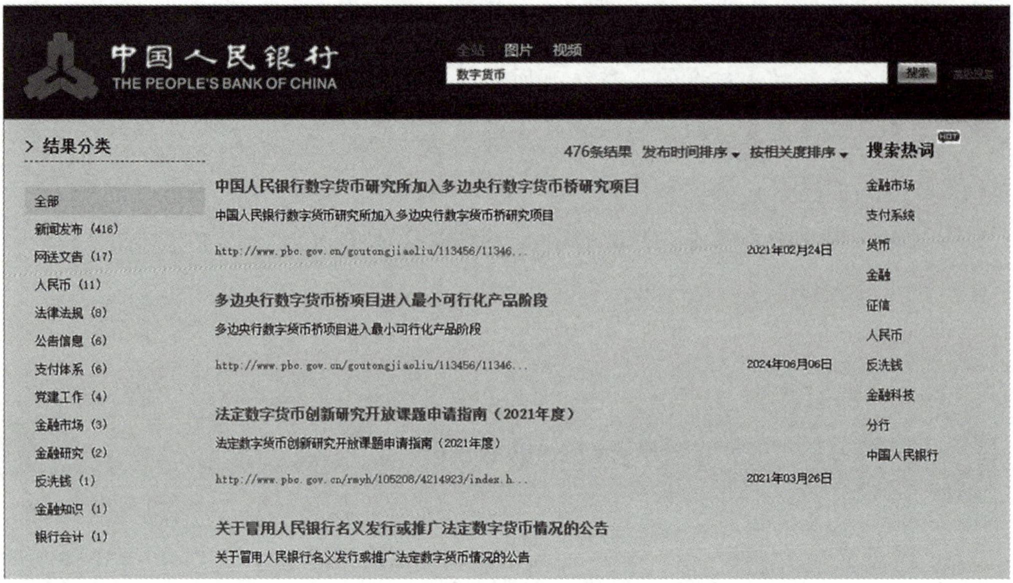

项目小结

内容	关键知识点及技能	要求
数字货币的内涵	数字货币的概念、发行与分类、特征	掌握
数字货币应用场景	数字货币的使用场景及其基本情况	熟悉
数字货币业态发展	非法定数字货币的发展、世界各国法定数字货币的发展以及我国法定数字货币的发展	了解
国外数字货币监管	国外数字货币监管的三个阶段	了解
我国数字货币监管	《关于防范代币发行融资风险的公告》《关于防范比特币风险的通知》《关于防范以“虚拟货币”“区块链”名义进行非法集资的风险提示》的主要规定及意义	掌握

项目六
XIANG MU LIU

互联网支付监管

学习目标

- 理解互联网支付的概念及特征
- 理解互联网支付的主要业务模式
- 防范互联网支付的风险
- 熟悉互联网支付相关法律法规

素养目标

- 提高互联网支付操作风险意识
- 增强网络个人信息安全意识

关键词

互联网支付、风险防范、第三方支付、互联网支付法律法规

知识点导图

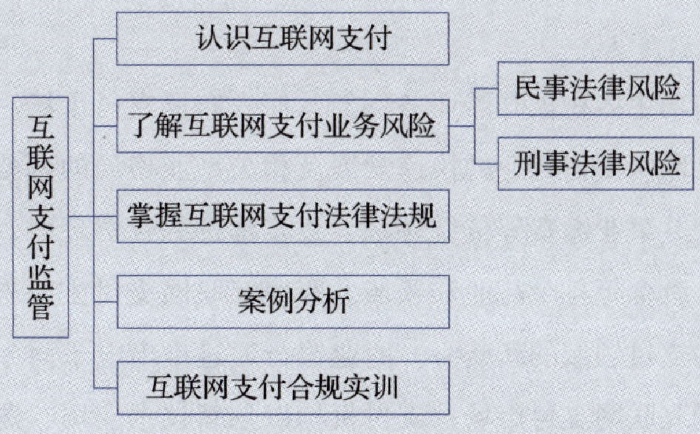

任务一 认识互联网支付

互联网支付的概念与特征

一、互联网支付的概念及特征

（一）互联网支付的概念

当支付遇到互联网，一场革命自然不可避免。近几年，传统的现金支付已经“退居二线”，各种在线支付方式成为人们日常消费的主要支付方式。银行推出的网银以及民营企业推出的各种各样的第三方支付平台大大方便了人们的生活，互联网支付终端也从桌面电脑扩展到移动终端和电视等多种形式的终端上，互联网支付变得无处不在。

过去几年来，在传统金融业务与互联网信息技术深度融合的背景下，我国互联网支付行业快速发展，交易规模稳步提升，呈现出“新业态、深融合”的发展态势，满足了日益多样化、个性化的各类支付需求，有力支撑了我国电子商务的发展、社会消费的增长以及其他互联网金融业态的快速崛起。从微观层面上，互联网支付直接涉及用户的财产安全等切身利益；从宏观层面上，互联网支付还关系到国家金融体系的稳定。

互联网支付手段是以计算机网络为基础的，它用负载有特定信息的电子数据来取代传统的支付方式进行资金流转，并且这种支付方式具有时效性。这是一套完整的网络商务经营及治理信息系统。互联网支付主要表现形式为网银、第三方支付、移动支付等。

互联网支付市场主体积极开展业务创新，深入布局支付市场，不断丰富业务应用场景，推动了互联网支付行业的快速发展及相关产业格局的调整和变革。业务领域从网上购物、公共事业缴费等传统领域，逐步渗透到投资理财、航空票务、旅游酒店、医疗卫生、教育等各个行业和领域。跨境互联网支付方兴未艾，推动跨境网购逐年递增，成为支付领域的新蓝海。商业银行通过推出电子商务金融服务综合平台等方式优化布局互联网支付市场；支付机构以创新技术应用、深化金融服务为切入点，向包括金融业在内的各产业链渗透，尝试跨行业、跨市场、多样化的组合产品创新。

2015年7月18日，由央行会同有关部委牵头、起草、制定的互联网金融（IT-FIN）行业“基本法”《关于促进互联网金融健康发展的指导意见》发布，该指导意见指出：互联网支付是指通过计算机、手机等设备，依托互联网发起支付指令、转移货币资金的服务。互联网支付应始终坚持服务电子商务发展和为社会提供小额、快捷、便民小微支付服务的宗旨。银行业金融机构和第三方支付机构从事互联网支付，应遵守现行法律法规和监管规定。第三方支付机构与其他机构开展合作的，应清晰界定各方的权利义务关系，建立有效的风险隔离机制和客户权益保障机制。要向客户充分披露服务信息，清晰地提示业务风险，不得夸大支付服务中介的性质和职能。互联网支付业务由中国人民银行负责监管。

想一想：第三方支付和互联网银行支付有何异同?

（二）互联网支付的特征

与传统支付结算时普遍采用的“三票一卡”相比较，互联网支付具有以下几个方面的特征：

1. 数字化

互联网是采用先进的技术通过数字流转来完成信息传输的，其各种支付方式都是采用数字化的方式进行款项支付的；而传统的支付方式则是通过现金的流转、票据的转让及银行的汇兑等物理实体的流转来完成款项支付的。

2. 基于互联网平台

互联网支付基于一个开放的系统平台；而传统支付则是在较为封闭的系统中运作的。

3. 先进的通信手段

互联网支付使用的是最先进的通信手段，如因特网、外联网，而传统支付使用的则是传统的通信媒介。互联网支付对软、硬件设施的要求很高，一般要求有联网的微机、相关的软件及其他一些配套设施，而传统支付则没有这么高的要求。

4. 经济优势

互联网支付具有方便、快捷、高效、经济的优势。用户只要拥有一台上网的PC机，甚至手机，便可足不出户在很短的时间内完成整个支付过程。支付费用远低于传统支付，甚至为零。互联网支付可以完全突破时间和空间的限制，可以满足7×24（每周7天，每天24小时）的工作模式，其效率之高是传统支付望尘莫及的。

互联网支付业务模式

二、互联网支付业务模式

互联网支付的发展路线有两条，分别是交易商电子化路线和银行电子化路线，前者如国外的PayPal和国内的支付宝等，后者如各商业银行网络银行的建设以及银联的发展。总体而言，互联网支付的业务模式主要可以分为以下四种：

（一）平台型

该种支付模式由电子商务网站专门建立支付平台并提供担保功能，最开始是电子商务网站的配套服务，后来随着业务量的不断递增，逐渐演变为专门性的支付服务。该种支付模式由于存在时间较长，因此用户群比较稳定。同时电商平台拥有庞大的用户基础，通过与各大银行、通信服务商等合作，搭建“线上线下”全覆盖的支付渠道，在牢牢把握支付终端的基础上，经过整合、包装商业银行的产品和服务，从中赚取手续费，并进一步推广其他增值金融服务。以支付宝为例，它依靠淘宝与天猫庞大的交易规模和对外部行业的深入拓展，目前已经占据了互联网支付市场的半壁江山。另外还有腾讯旗下的财付通、盛大集团旗下的盛付通等。

（二）行业应用型

该模式独立于电子商务网站，是仅仅提供支付产品和支付系统解决方案的互联网支付方式。在信息技术高速发展的今天，电子商务的应用范畴已经由最初的B2C领域扩展到了更为广阔的B2B领域，越来越多的传统企业依托电子商务来改善产、供、销整体效率，以提高竞争力。此类第三方支付机构主要面向企业用户，通过深度行业挖掘，为供应链上下游提供包括金融服务、营销推广、行业解决方案等在内的一揽子服务，获取服务费、信贷滞纳金等收入。代表企业包括汇付天下、快钱和易宝。

（三）银行收单型

银行收单型指的是通过受理终端进行的消费、预授权、余额查询和转账等交易。其中，受理终端是指通过银行卡信息读入装置生成银行卡交易指令要素的各类支付终端，包括销售点 POS 终端、转账 POS 终端、电话 POS 终端、多用途金融 IC 卡支付终端、非接触式接受银行卡信息终端、有线电视刷卡终端、自助终端等类型。在整个收单过程中会涉及银行、银联、收单机构、发卡机构，资金的安全性有一定的保证。除此之外，互联网金融公司获得支付牌照后转为银行卡收单盈利模式，促进了支付行业本身的发展。此类模式在发展初期是互联网金融公司通过电子账单处理平台和银联 POS 终端为线上商户提供账单号收款、账户直充等服务，获得支付牌照后转为银行卡收单盈利模式，促进了支付行业本身的发展。目前国内拉卡拉为其中较为成功的典型。

（四）预付卡型

该种支付模式是以营利为目的的，在发行机构之外购买商品或服务的预付价值，包括采取磁条、芯片等技术以卡片、密码等形式发行的预付卡。与传统银行卡相比，预付卡不与持卡人的银行账户直接关联。目前市场上流通的预付卡主要可分成两大类：一类是单用途预付卡，企业通过购买、委托等方式获得制卡技术并发售预付卡，该卡只能在发卡机构内消费使用，主要由电信、商场、餐饮、健身、美容美发等领域的企业发行并受理；另一类是多用途预付卡，主要由第三方支付机构发行，该机构与众多商家签订协议，布放受理 POS 终端机，消费者可以凭该卡到众多的联盟商户刷卡进行跨行业消费，典型的多用途卡有斯玛特卡、得仕卡等。

三、互联网支付法律关系

（一）第三方支付工具与用户

（1）第三方支付平台与买方之间存在“网络服务协议”，双方的权利、义务关系受到该协议的调整和约束。但是服务协议通常是第三方平台提供的格式合同，合同内容需确保平台卖方的真实性、消费者个人隐私的保密性和交易资金的安全性。

（2）第三方支付平台与卖方之间则是通过“支付服务协议”建立服务关系，双方的权利、义务也受此协议的调整和约束。第三方支付平台应对其平台上的商家的营业执照、许可证等法律资格进行核实审查，并且对正常交易的卖方有划拨资金的义务。

（3）第三方支付平台与银行之间通过“金融服务协议”建立服务合作关系，在第三方支付模式中，第三方支付平台实际上是买方的直接收款人、卖方的直接付款人，第三方支付平台与网上银行之间的关系应该是代理关系，第三方支付平台是代理人，此关系受民法代理制度和合同法的调整。

代理是指一人在法定或者约定的权限内，以他人的名义实施法律行为，而法律行为的结果却归属他人的行为。例如，支付宝服务合同所言的支付宝中介服务，“代收：您可以要求本公司代为收取其他支付宝用户向您支付的各类款项”，“代付：您可以要求本公司将代管或代收的您的款项支付给您指定的第三方”。支付宝根据合同以及客户的指令进行付款和收款等代理活动。支付宝向卖方提供代收货款服务，同时向同一交易中的买方提供代付货款服务。

第三方支付工具与用户之间的法律关系以用户之间的买卖合同关系为前提，并且跟随主法律关系的变化而变化，因此是一种从法律关系。

互联网支付
法律关系

（二）其他法律关系理论

1. 委托代理说

委托代理说是支持者最多的观点。20 世纪 30 年代，美国经济学家伯利和米恩斯因为洞悉企业所有者兼具经营者的做法存在着极大的弊端，提出委托代理说，倡导所有权和经营权分离，企业所有者保留剩余索取权，而将经营权让渡。委托代理说早已成为现代公司治理的逻辑起点。委托代理说认为，第三方支付服务商是付款人和收款人的代理人。当付款人发出支付指令时，第三方支付服务商以付款人的名义履行支付义务，待第三方支付服务商收到付款人付款确认通知时，通知银行划拨款项，银行将资金从第三方支付服务商账户划拨至收款人账户时，第三方支付服务商的支付完成，付款人的支付义务也得以履行完毕。在此过程中，第三方支付服务商是付款人的代理人，收款人仅是委托代理合同之外的第三人。同时，当收款人提示收款时，第三方支付服务商以收款人的名义收取付款人的付款，将资金从付款人账户划拨至第三方支付服务商账户，并最终转移至收款人账户。在此过程中，第三方支付服务商是收款人的代理人，付款人仅是委托代理合同之外的第三人。实践中，第三方支付服务商大多在服务协议中声明自己不是金融机构，而是代理人，例如，支付宝在《支付宝服务协议》中表明：“一旦您使用本服务，您即授权本公司代理您在您及（或）您指定人符合指定条件或状态时，支付款项给您指定人，或收取您指定人支付给您的款项。”

2. 第三人代为履行说

所谓第三人代为履行，是指第三人作为债务履行辅助人的身份代债务人向债权人履行债务。第三人代为履行说认为，假定第三方支付服务商为第三人，付款人与收款人约定由第三方支付服务商代为履行支付义务，这样的解释符合代为履行的行为表征，即“第三方支付服务商作为代为履行第三人，从传递付款人付款指令一直到通知银行将资金划拨至收款人银行账户，始终都是在辅助付款人履行付款义务”。

3. 债权转让说

所谓债权转让，是指债权人通过协议将其享有的债权全部或部分转让给第三人的行为。债权转让说认为，交易双方约定使用第三方支付来交易，实际上是买家转让对第三方支付服务商的债权，也是第三方支付服务商义务的转移，即“第三方支付的实质就是买家通过第三方支付平台的划拨系统将其对卖家的金钱债务快速转变为第三方支付服务商对卖家的金钱债务”。

4. 服务合同关系说

服务合同关系说认为，第三方支付服务商和付款人、收款人之间的法律关系属于普通的服务合同关系，第三方支付服务商属于支付服务提供者，付款人和收款人属于支付服务使用者，第三方支付平台通过支付服务协议为各方权利义务划定了边界。

任务二　了解互联网支付业务风险

一、互联网支付民事法律风险

互联网支付
民事法律风险

（一）主体资格和经营范围的风险

主体资格的法律定位问题，实际上也是互联网第三方支付服务的法律属性问题，同时也涉及第三方支付平台的服务范围问题。第三方支付服务从本质上看应当属于金融服务中的清算结算业务，在我国《商业银行法》的规定中该业务实际是属于商业银行专有。然而，我国目前提供互联网第三方支付的服务机构中只有极少数是金融机构，其他绝大多数都是 IT 企业以及其他非金融机构。同时，在主要的第三方支付平台中，除了少数几个不直接管理往来资金外，其余大部分都能够直接对交易资金进行支配，这类支付服务涉及支付结算账户和提供支付结算服务，突破了现有的一些特许经营的限制，按照《商业银行法》等一些法律法规，整个支付结算业务和支付清算业务实际上还是属于银行专有的一种业务。开立账户后，在账户里沉淀资金怎么定性，到底是不是做存款，现在很多企业为了避开吸收公共存款这样一个说法，提出其只是提供代理服务。而这种代理服务在《商业银行法》中是作为代理收付款业务，也是银行的业务。这类业务目前实际上还是属于特许业务，非银行机构从事这方面的业务面临着法律上的突破。

（二）沉淀资金利息归属不明的风险

所谓互联网支付沉淀资金指的是，停留在支付平台账户中的，买卖双方待结算交易货款的集合。在买卖双方的交易过程中，互联网支付平台利用资金在其账户的暂时停留，对买家和卖家进行约束和监督，实际起到了资金保管方的作用。在这个过程中，支付平台虽然在此期间内（通常是 3～10 天）是资金的实际保管人，但是并未拥有资金的所有权。然而，当第三方支付平台用户呈数量级增长时，所产生的资金沉淀量将会非常庞大。第三方支付服务机构可以利用此资金进行定存或短存，在此过程中所产生的利息归属就会成为难以解决的问题。那么沉淀资金应当如何定性？其利息分配是在互联网支付公司和买方，还是作为互联网支付公司的应得收益的一部分，这就成了大问题。

（三）未经授权支付的法律风险

未经授权的支付是指由付款人以外的第三人，在未获得付款人授权的前提下向互联网支付机构发起支付指令，将付款人账户内资金转移，且付款人也未从实际中获得任何利益。相对于选择以第三方支付的方式进行交易的用户来说，第三方支付机构显然更加了解相关的专业知识，且在技术操作层面也更加擅长。因此，无论从专业性、技术性，还是从信息的掌握程度上来说，第三方支付机构都处于绝对的强势地位。依据上文中对于第三方支付机构与买方之间的法律关系分析，其双方分别形成了保管合同关系和委托合同关系。作为互联网支付平台，对支付资金进行保管，一旦交易完成，若交易为违禁授权的支付，互联网支付机构必然有一定的连带责任风险。同时，由于网络安全所引发的互联网支付过程的被盗现象频繁发生，而且电子签名或数字签名在电子支付中的使用不足，互联网支付机构作为一个法律主体参与了交易的过程，其必然也会有一定的法律责任。

想一想：互联网支付为何会出现这些风险?

二、互联网支付刑事法律风险

（一）便于转移资金，存在非法套现的风险

互联网支付可能会成为资金套现的工具，由此也会带来一定的金融风险。比如有的网上交易实际上并不是进行真实的消费，而是制造一笔虚假交易，通过银行信用卡支付后，钱进入支付平台的账户，通过账户转移到银行。全国曾发生多起不法分子利用预授权交易进行套现的风险事件。不法分子通过向信用卡内存入大额溢缴款，恶意套现者通过违规使用第三方支付平台，将信用卡金额充入支付账户后提现，或是用信用卡购买“自己人”的虚假商品交易套现。网站只是提供一个交易平台，却不能鉴别买卖双方交易的真实性，且用户在网络交易中一般都不用真名，这种匿名性使得第三方支付平台很难辨别资金的真实来源和去向。根据最高人民法院和最高人民检察院发布的《关于办理妨害信用卡管理刑事案件具体应用法律若干问题的解释》，以虚构交易等方法非法套现，情节严重的，应依据《刑法》第225条的规定，以非法经营罪定罪处罚。

（二）交易隐蔽性强，存在洗钱犯罪风险

由于互联网支付的便利性和隐蔽性，通过支付平台进行经济犯罪的情形越来越多，如利用互联网支付来进行洗钱犯罪。在我国，互联网支付客户的备付金依照法律规定应由银行专户存放。但由于交易都是在互联网支付机构的虚拟账户里进行，银行难以掌握具体交易数据，一般只能听命于互联网支付机构的调用，这为互联网支付机构及其内部人员从事洗钱犯罪提供了机会。

《刑法》第191条对洗钱罪做出规定："为掩饰、隐瞒毒品犯罪、黑社会性质的组织犯罪、恐怖活动犯罪、走私犯罪、贪污贿赂犯罪、破坏金融管理秩序犯罪、金融诈骗犯罪的所得及其产生的收益的来源和性质，有下列行为之一的，没收实施以上犯罪的所得及其产生的收益，处五年以下有期徒刑或者拘役，并处或者单处罚金；情节严重的，处五年以上十年以下有期徒刑，并处罚金：（一）提供资金帐户的；（二）将财产转换为现金、金融票据、有价证券的；（三）通过转帐或者其他支付结算方式转移资金的；（四）跨境转移资产的；（五）以其他方法掩饰、隐瞒犯罪所得及其收益的来源和性质的。单位犯前款罪的，对单位判处罚金，并对其直接负责的主管人员和其他直接责任人员，依照前款的规定处罚。"

（三）集中资金，存在非法集资风险

互联网支付可能涉及非法集资的风险点主要是支付机构对于备付金的管理。《非金融机构支付服务管理办法》中已经明确，备付金不是第三方支付平台的自由财产，禁止挪用。支付机构应该开设备付金专用账户，并与一家商业银行签订备付金存管协议。《中国人民银行办公厅关于实施支付机构客户备付金集中存管有关事项的通知》中也有对备付金管理的专门规定。虽然上述两文件均对备付金的管理进行了规定，但对一些细节如备付金的孳息归属等并未有明确规定。此外，倘若支付平台违反规定，没有对备付金进行专门的存管，可能构成资金池，若支付机构把备付金挪作他用，则可能涉嫌非法集资，构成刑法上的非法吸收公众存款罪或集资诈骗罪。

任务三　掌握互联网支付法律法规

一、主要法律法规

互联网支付
核心法规

随着互联网金融和电子商务的不断发展，互联网支付行业在展现出生命力的同时也暴露出诸多法律问题。在我国，互联网支付行业市场准入门槛过高，客户备付金管理规则并不是很完善，客户备付金效率的利用也不是很高，收益归属并不是十分明确，

在互联网支付领域对消费者权益保护力度不够，缺少保障交易安全的规则，信息披露规则不够完善。这一系列的法律问题影响了互联网支付行业的健康长远发展。解决这些法律问题，必须从市场准入规则、客户备付金管理规则和消费者权益保护等方面入手，完善各部分的法律法规，使互联网支付法律制度逐步走向完善。

我国目前主要参照以下法律法规来对互联网支付行为进行监管和控制：

（1）2004 年 8 月 28 日由全国人民代表大会颁行的《中华人民共和国电子签名法》，为互联网支付平台的建立和发展提供了基本的法律保障。

《电子签名法》被认为是中国首部真正意义上的电子商务立法。自 1996 年联合国颁布《电子商务示范法》以来，世界各国也都陆续进行了电子商务立法工作，有的国家颁布了电子商务法或交易法，有的国家颁布了电子签名或数字签名法，也有的国家兼采两种立法方式。而我国电子商务立法最终在国家信息化战略的引导下出台，可以说是业内人士期盼已久的举措，也受到了各相关企业乃至政府部门的高度关注。《电子签名法》被称为“中国首部真正意义上的信息化法律”，自此电子签名与传统手写签名和盖章具有同等的法律效力。《电子签名法》是我国推进电子商务发展、扫除电子商务发展障碍的重要步骤，极大地了促进电子商务在我国的快速发展。

（2）为规范电子支付业务，防范支付风险，保证资金安全，维护银行及其客户在电子支付活动中的合法权益，促进电子支付业务健康发展，中国人民银行制定了《电子支付指引（第一号）》，2005 年 10 月 26 日起正式实施。

据报道，央行正在研究制定《电子支付指引（第二号）》和支付机构互联网支付业务管理办法等配套制度，明确网上支付的责任划分，完善对网银用户的法律保护，加大对网上支付违法犯罪行为的惩办力度。同时，还制定了一系列风险管理政策，指导银行业金融机构不断增强网上银行风险防范能力。

（3）2015 年 10 月 27 日，金融行业标准《金融电子认证规范》（JR/T 0118-2015）由中国人民银行正式发布。本标准规定了金融电子认证机构及自建电子认证系统的机构所应遵循的要求，并对金融机构以及非银行支付机构使用电子认证服务提出了相应要求。该标准的发布实施，有利于规范在金融领域提供的电子认证服务，提高行业应用水平。本标准由全国金融标准化技术委员会提出并归口管理。由中国人民银行科技司、中国金融认证中心组成的工作组起草，中国工商银行、中国农业银行、中国建设银行、招商银行等单位参与标准的起草工作。标准经过广泛征求意见和论证，并通过了全国金融标准化技术委员会审查。

（4）《非银行支付机构网络支付业务管理办法》是为规范非银行支付机构（以下简称支付机构）网络支付业务，防范支付风险，保护当事人合法权益，根据《中华人民共和国中国人民银行法》等规定制定的，由中国人民银行于 2015 年 12 月 28 日发布，自 2016 年 7 月 1 日起施行。

网络支付业务因将公共网络作为信息传输通道，不可避免地面临网络病毒、信息窃取、信息篡改、网络钓鱼、网络异常中断等各种安全隐患，也面临欺诈、套现、洗钱等业务风险。为加强风险防范，切实保障客户合法权益，《非银行支付机构网络支付业务管理办法》从风险管理角度对支付机构提出了明确要求。鉴于客户在网络支付业务中可能面临资金被盗、信息泄露等风险隐患，在维权过程中往往处于相对弱势的地位，为保障客户合法权益，《非银行支付机构网络支付业务管理办法》结合支付机构目前在客户权益保护方面存在的不足，明确了相关监管要求。

（5）为贯彻落实党中央、国务院关于互联网金融风险专项整治工作总体部署，根据《国务院办公厅关于印发互联网金融风险专项整治工作实施方案的通知》（国办发〔2016〕21 号）提出的“非银行支付机构不得挪用、占用客户备付金，客户备付金账户应开立在人民银行或符合要求的商业银行。人民银行或商业银行不向非银行支付机构备付金账户计付利息”相关要求，人民银行决定对支付机构客户备付金实施集中存管，2017 年 1 月 13 日，《中国人民银行办公厅关于实施支付机构客户备付金集中存管有关事项的通知》发布。

客户备付金是非银行支付机构预收其客户的待付货币资金，不属于支付机构的自有财产。近年来，客户备付金规模快速增长，存放分散，风险事件频发。

建立支付机构客户备付金集中存管制度，主要目的是纠正和防止支付机构挪用、占用客户备付金，保障客户资金安全，并引导支付机构回归业务本源。人民银行将继续认真贯彻落实党中央、国务院关于互联网金融风险专项整治工作相关决策部署，维护金融市场秩序，保护消费者合法权益，更好地促进支付服务市场持续健康发展。

（6）2017 年 8 月 4 日，央行支付结算司向有关金融机构下发了《中国人民银行支付结算司关于将非银行支付机构网络支付业务由直连模式迁移至网联平台处理的通知》。该通知称，自 2018 年 6 月 30 日起，支付机构受理的涉及银行账户的网络支付业务全部通过网联平台处理。同时，各银行和支付机构应于 2017 年 10 月 15 日前完成接入网联平台和业务迁移相关准备工作。

从“野蛮生长”到“统一清算”，网联将进一步规范非银行支付机构网络支付业务。该通知是全国金融工作会议提出了对互联网金融“加强监管”后的一项具体举措，核心就是央行加强对第三方支付机构资金流向等方面的监管。随着监管的不断完善，包括第三方支付在内的互联网金融将进一步规范发展。

网联平台有望提高第三方支付业务的安全性，与银联和证通相比，网联有清算但无支付功能。在网联平台出现之前，我国第三方支付主要采用支付机构直连银行模式完成支付清算业务。直连模式下，监管机构无法监控第三方支付机构在支付过程中的违法违规现象，容易产生金融风险。为此，央行 2016 年提出建设网络支付清算平台，逐步取缔支付机构与银行直接连接处理业务的模式。2017 年 3 月 31 日，网联平台启动试运营，改变了第三方支付机构在不同银行开立账户并自主完成跨行清算的情况，有助于监管机构了解第三方支付资金流向等详细信息，进行及时监管，有望防范第三方支付机构在直连模式中带来的风险。网联与银联、证通均是央行的清算平台，其共性在于解决各自服务领域里的资金清算，但三者的服务对象和功能定位有差异，网联仅是为非银行支付机构提供清算服务，并无支付功能。

该通知对央行、第三方支付机构、银联等都带来一定的影响。对央行来说，可以掌握更多非银行支付机构资金交易和清算的数据，积累到一定量的金融数据后，可进一步对接和完善现有的征信系统数据；通过风险检测，可防范和处理诈骗、洗钱等违规风险。对第三方支付机构来说，网联平台上线运行为第三方支付机构提供了统一、公共的支付清算服务，节约了连接成本，清算安全性提高；网联统一托管备付金，有望推动备付金的规范管理。对银联来说，推出网联平台后，从线上到线下，银联支付业务或将面临更激烈的竞争。

（7）《非银行支付机构监督管理条例》于 2023 年 12 月公布，自 2024 年 5 月 1 日起施行。条例对非银行支付机构进行了定义，并规定了其设立条件和业务宗旨。非银行支付机构被定义为除银行业金融机构外，根据用户提交的电子支付指令转移货币资金的公司。设立非银行支付机构应当经中国人民银行批准，并明确设立条件。非银行支付机构应当以提供小额、便民支付服务为宗旨，未经批准不得从事依法需经批准的其他业务，也不得从事或者变相从事清算业务。条例还完善了支付业务规则，将支付业务分为储值账户运营和支付交易处理两类，并授权中国人民银行制定具体规则。在保护用户合法权益方面，条例要求非银行支付机构与用户签订支付服务协议，保障用户资金安全和信息安全，并采取有效措施防范支付账户被用于非法集资、电信网络诈骗、洗钱、赌博等违法犯罪活动。此外，条例还明确了监管职责和法律责任，为保障条例的有效实施。中国人民银行还制定了《非银行支付机构监督管理条例实施细则》。

互联网支付其他法规和行业自律

二、其他相关法律法规

《条码支付业务规范（试行）》（银发〔2017〕296 号）由中国人民银行于 2017 年 12 月发布，自 2018 年 4 月 1 日起实施。该规范旨在规范条码（二维码）支付业务，平衡创新与风险防控，推动支付行业健康发展，通过分级限额、资质管控、清算合规、商户实名四重机制，构建了“安全优先、兼顾效率”的监管框架。其核心逻辑是：以风险能力匹配交易额度，以持牌经营规范市场准入，以技术标准筑牢安全底线，为移动支付的可持续发展奠定基础。

任务四　案例分析

案例

利用第三方支付平台进行电信诈骗

20××年 11 月 4 日上午，含山县公安局刑侦大队接到报案称，受害人宫某早上醒来发现手机上收到转账短信，他的邮政储蓄账户里的 2 万元存款在凌晨分 4 次被转走，前后仅几分钟时间。受害人称，他的银行卡从未离身，密码也没有向别人泄露。

互联网支付案例分析

经查，宫某的存款先被存入 4 家第三方支付平台，再存入宫某另一张银行卡，最后被分属贵州、湖北、河北的 3 个账户转走，并统一在湖南省湘潭市一台 ATM 上转走。警方初步判断宫某可能遭受了电信诈骗。

警方在随后的侦查中发现，宫某曾办理过一张街头小广告推销的信用卡。当时宫某按照小广告上的提示拨打了归属地为安徽合肥的“170”手机号码。电话那头，一个自称“中国邮政储蓄银行安徽分行业务经理”的男子向宫某介绍，如果想办理5万元额度的信用卡，需要提供一个2万元存款的邮储银行账户，以证明有还款能力，为了方便后期查看还款流水，宫某还要新办理一张邮储银行卡，不用存钱，但是要开通网上银行，并登记这个“业务经理”的手机号，此外新银行卡的卡号、密码也要告诉“业务经理”。按照“业务经理”的指导，宫某向“业务经理”提供了新、旧两个账户的信息，并举着身份证拍摄了一张正面电子照。事后发现，这两个账户正是转走其2万元存款的账户。

根据上述线索，含山县警方迅速赶赴湘潭市，在当地警方的配合下，调取了3张作案银行卡近期在多家ATM上的所有取款监控录像。经过近2天的对比，两名可疑男子进入了警方视线。随后根据多方调查比对，警方在湘潭市岳塘区某宾馆内将两名犯罪嫌疑人谢长某和谢正某成功抓获。

据犯罪嫌疑人交代，他们利用宫某手持本人身份证拍的照片，以宫某身份开通多个第三方支付平台账户，由于第三方支付平台的身份信息和宫某2万元银行卡身份信息一致，便可以在无须密码的情况下，以充值的形式将2万元存款分批转入多个第三方支付平台账户，而宫某新开通银行卡的网上银行留的犯罪嫌疑人的手机号，密码也已经告知，他们就再次利用第三方支付平台和网银将存款转入宫某的新银行卡，从而盗走了宫某的存款。

据犯罪嫌疑人交代，他们在安徽、贵州、河北、湖北等多省实施诈骗20余起，涉案金额达13万余元。

法律链接：

依据我国刑法的规定，网络电信诈骗构成犯罪的属于诈骗罪，是属于侵犯财产权利的刑事犯罪，最高可处无期徒刑。《刑法》第266条规定：诈骗公私财物，数额较大的，处三年以下有期徒刑、拘役或者管制，并处或者单处罚金；数额巨大或者有其他严重情节的，处三年以上十年以下有期徒刑，并处罚金；数额特别巨大或者有其他特别严重情节的，处十年以上有期徒刑或者无期徒刑，并处罚金或者没收财产。本法另有规定的，依照规定。

启示与建议：

近几年，在互联网时代下的第三方支付平台，体现出爆炸式的增长态势，其项目已经涉及充值缴费、跨行转账、跨境交易等领域，其方便快捷、开放多样的特性，给人们生活上带来了极大的便利，但这些便利，也给不法分子带来可乘之机。

公安机关提醒，防范通信网络诈骗务必谨记以下“四要四不六一律”：

“四要”是指转账前要通过电话等方式核实确认；手机和电脑要安装安全软件；QQ、微信要开启设备锁及账号保护，提高账户安全等级；网上聊天时要留意系统弹出的防诈骗提醒。

“四不”是指不要连接陌生 Wi-Fi；不要向他人透露短信验证码；不要将支付密码与账号登录密码设为同一个；不要将身份证号、银行卡号、密码、手机号等“四大件”个人身份信息保存在手机里。

“六一律”是指接到陌生人电话，只要谈到银行卡的，一律挂掉；只要谈到“中奖了”的，一律挂掉；只要谈到“电话转接某某公安局、检察院、法院”的，一律挂掉；只要谈到“安全账户”的，一律挂掉；所有短信，凡是让点击链接的、索要银行卡信息及验证码的，一律删掉；微信陌生人发来的链接，一律不点，如果是熟人、朋友发来的，必须先电话核实。

公安机关还提醒，遭遇电信网络诈骗时，应及时向就近派出所警察提供诈骗犯罪分子的电话号码、银行卡账号、QQ 号、微信号等，积极配合公安机关开展侦查破案和紧急止付等工作。发生手机被盗时，及时通知家人、朋友防止受骗，及时挂失补电话卡，及时解除支付宝、微信绑定，及时通知银行冻结账户。

任务五　互联网支付合规实训

1. 实训目标

验证“拉卡拉”是否取得支付业务许可证。

2. 实训要求

根据《非银行支付机构监督管理条例》，设立非银行支付机构，应当经中国人民银行批准，取得支付业务许可。非银行支付机构应当以提供小额、便民支付服务为宗旨，未经批准不得从事依法需经批准的其他业务。本实训要求学生验证拉卡拉支付是否按照监管要求取得支付业务许可证。

3. 实训步骤

步骤 1：通过百度搜索，得知支付业务许可证取得部门为中国人民银行。

步骤 2：登录中国人民银行政务网：http://www.pbc.gov.cn。

步骤 3：将网页拖动到最底部，点击进入网页左侧“政府信息公开”中的“政府信息公开指南”。

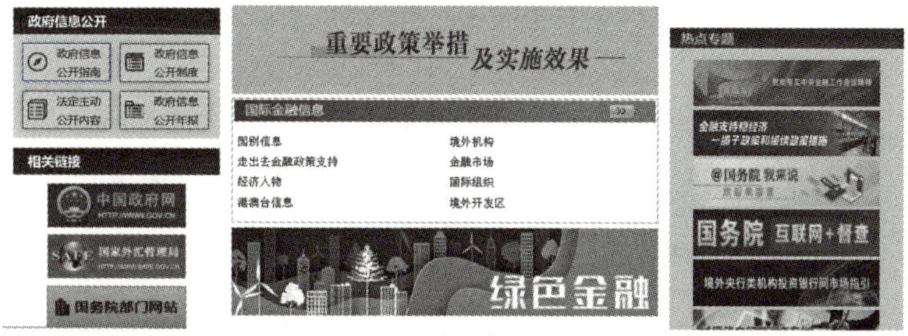

步骤 4：在左侧导航栏中找到“行政执法信息”—“行政审批公示”。

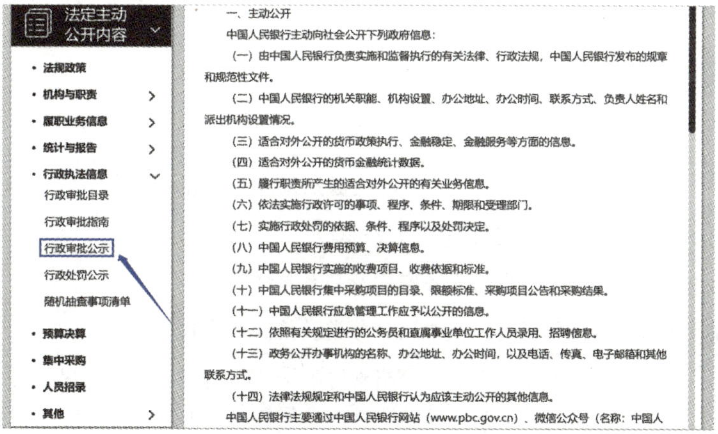

步骤 5：进入后找到“已获许可机构（支付机构）”并点击进入。

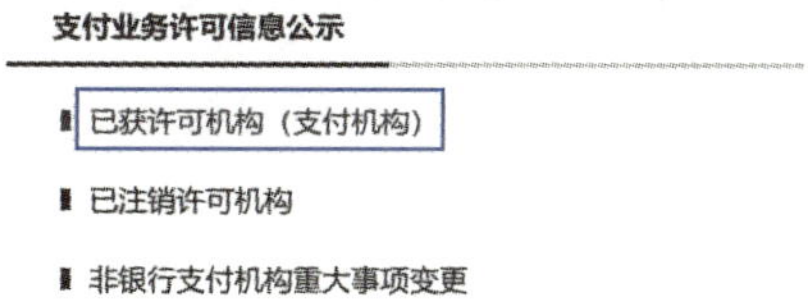

步骤 6：在搜索栏中输入“拉卡拉支付”，进行信息搜索。

步骤 7：获取拉卡拉支付业务许可证信息如下。

拉卡拉支付股份有限公司

发布时间：2024年8月1日

机构详细信息	
许可证编号	Z2002511000017
公司名称	拉卡拉支付股份有限公司
法定代表人（负责人）	王国强
住所（营业场所）	北京市海淀区北清路中关村壹号D1座6层606
业务类型	储值账户运营Ⅰ类、储值账户运营Ⅱ类（仅限于全国预付卡受理）、支付交易处理Ⅰ类（除宁波市以外地区）
业务覆盖范围	——
换证日期	2024-8-1
首次许可日期	2011-5-3
有效期至	2026-5-2
备注	——

项目小结

内容	关键知识点及技能	要求
互联网支付的内涵	互联网支付的概念及特征	掌握
互联网支付业务模式	互联网支付业务模式及其基本情况	熟悉
互联网支付业务风险	互联网支付业务风险分类及其表现形式	了解
互联网支付法律法规	《非银行支付机构网络支付业务管理办法》《中国人民银行办公厅关于实施支付机构客户备付金集中存管有关事项的通知》《中国人民银行支付结算司关于将非银行支付机构网络支付业务由直连模式迁移至网联平台处理的通知》《非银行支付机构监督管理条例》的主要规定及意义	掌握

项目七 XIANG MU QI 互联网保险监管

学习目标

- 理解互联网保险的内涵
- 了解互联网保险的业务模式
- 了解互联网保险的相关法律法规
- 掌握互联网保险的合规要素
- 掌握互联网保险合规的基本操作

素养目标

- 遵守行业操守
- 树立正确的人生观、价值观

关键词

互联网保险、法律规制、风险点、合规

知识点导图

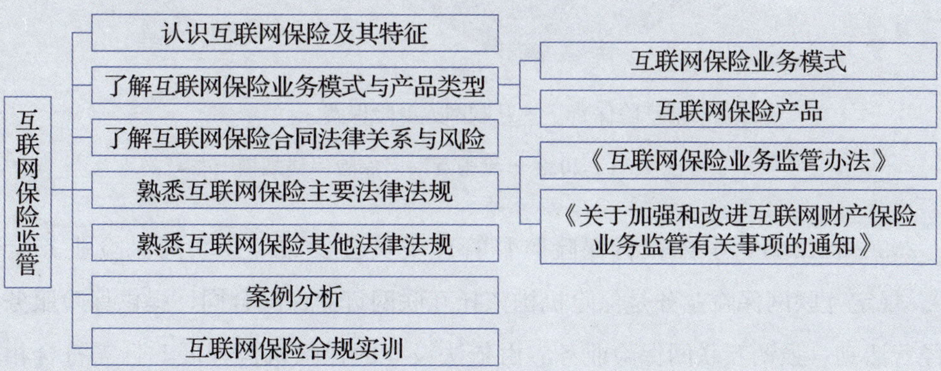

任务一　认识互联网保险及其特征

一、互联网保险

互联网保险的内涵

互联网保险是一种新兴的以计算机互联网为媒介的保险营销模式，有别于传统的保险代理人营销模式。互联网保险是指保险公司或保险中介机构通过互联网为客户提供产品及服务信息，实现网上投保、承保、核保、保全和理赔等保险业务，完成保险产品的在线销售及服务，通过第三方机构实现保险相关费用的电子支付等经营管理活动。互联网保险业务是指保险机构依托互联网订立保险合同、提供保险服务的保险经营活动。我国互联网保险保费规模从 2013 年的 290 亿元增至 2023 年的 4 949 亿元，年均复合增长率达 32.8%。其中互联网财产险 2023 年保费 1 210 亿元，同比增长 5.5%，人身险保费 3 739 亿元，同比增长 2.8%，如图 7－1 所示。

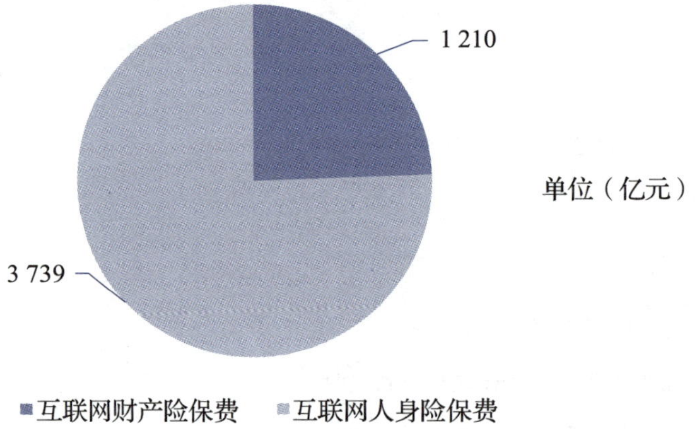

图 7－1　2023 年我国互联网保险保费规模

2020 年 12 月，中国银行保险监督管理委员会发布《互联网保险业务监管办法》。规定互联网保险业务是保险机构依托互联网订立保险合同、提供保险服务的保险经营活动。强调互联网保险业务应由依法设立的保险机构开展，且需符合相关理念和原则，由总公司集中运营管理，银保监会（现为国家金融监督管理总局）及其派出机构依法实施监督管理。

动动手：请通过网络查找，说明与传统保险公司相比，互联网保险公司的风险有何不同。

互联网保险的概念随着整个行业的发展而逐渐演变。互联网保险是指基于互联网用户的消费习惯和新的技术手段而开发的新的人性化的保险服务形式，甚至突破了原有的产品品种、投保方式或风险管理方式。

动动手：请查找近三年互联网人身险保费收入的占比，并分析其变化趋势。

二、互联网保险特征

（一）直接性

互联网保险具备互联网购物的一般特征，客户可以根据自己的需求，在网上查询保险品种，直接购买适合的产品。保险机构的产品定位精准，保费公开透明，保障权益也清晰明了，客户在选购保险产品时可以任意比对同类产品，拥有更多的自主选择权。互联网保险降低了保险机构运营成本，不受制于保险销售人员的素质能力和服务质量。

互联网
保险特征

（二）客户主动性

互联网保险的客户群体对保险的认知程度相对较高，且具有主动性，而传统保险的客户群体未必都具备保险常识，且主动性不如前者。一方面，互联网拓宽了保险客户群；另一方面，互联网保险要求客户群具备基础的 PC 端或移动端的操作能力。

（三）虚拟性

互联网保险的交易发生在人与信息之间，而不是发生在人与人之间，没有投保人与保险代理人当面沟通环节，也没有当面签订保险合同环节等，投保人全程自助完成投保、缴费、核保、索赔等相关责任行为。保险机构通过互联网大数据分析，可以获取大量客户信息，精准定位制定个性化产品，提高保险签单率。

（四）跨域性

互联网保险突破了空间的限制，客户群体可来自不同地域范围。跨域经营一方面使竞争更充分，另一方面使客户有更多的选择，购买过程更灵活，购买价格更趋于统一。

（五）时效性

互联网保险使合同订立的要约邀请、承诺过程等可即时完成，这使保险公司可以随时并且更准确地为客户提供所需的信息，成交与服务的速度快。但是互联网保险合同的订立也出现了一些在传统保险合同订立的过程中所不存在的信息安全问题。

想一想：互联网保险区别于传统保险的最突出的特征是哪个？

任务二　了解互联网保险业务模式与产品类型

互联网保险业务模式

一、互联网保险业务模式

互联网保险经历了近十年的发展，目前已形成了多样化的互联网保险的业务模式，主要有三种：一是保险公司官网销售模式，这种模式是由传统保险公司在自己的官方网站上营销保险产品，例如泰康在线、平安人寿官网等。二是第三方网络平台模式，这种模式主要借助第三方网络平台中介，例如淘宝网、携程网、慧择网等，由第三方网络平台进行销售推广，保险公司进行后续的理赔保全等服务。三是纯互联网保险公司模式，互联网保险公司只开发线上保险产品，并提供一系列服务，不提供线下产品，例如众安保险。纯互联网保险公司虽然与传统的保险公司在运营上存在差别，但也是通过官方网站销售和第三方平台销售。因此，可以将以上三种业务模式按销售渠道划分为两类：公司自营网络平台渠道和第三方网络平台渠道。

想一想：除了上述平台，互联网保险平台还有哪些？

二、互联网保险产品

互联网保险产品

网络科技发展推动了互联网保险产品的产生，互联网保险产品不等同于网络销售保险产品，网络销售保险产品仅仅是针对保险产品的一种营销策略，而互联网保险产品与传统保险产品是不同的概念。网络销售仅仅是渠道，运用互联网对保险产品进行风险管理和创新才是互联网保险产品的内涵。因此，互联网保险产品创新的主体既可以是传统保险机构，也可以是互联网企业。近些年出现的退货运费险、众乐宝、动力保、航班延误险、手机碎屏险等都属于互联网保险产品。

与传统保险产品相比，互联网保险产品在保险责任、保险期限、保障额度、保险价格、理赔流程、购买频次、产品档次等方面都存在差异。传统保险产品的保险责任比较全面，一张保单可以覆盖多种保险责任；而互联网保险的保险责任相对比较单一，通常只覆盖很少的保险责任。在保险期限方面，传统保险以一年以上的长期保险为主，例如长期寿险、长期健康险等；互联网保险产品则以短期保险为主，例如境内旅游意外险、运费险等覆盖的周期通常都很短。保障额度与保险产品的期限有关，传统保险以长期险为主，通常额度较高，投保人可选择保障几百万额度的，甚至更高；而互联网保险的保障额度一般较低。在保险价格方面，传统保险产品的保险价格较高，互联网保险产品的保险价格较低。在理赔流程方面，传统保险产品以线下理赔为主，流程相对复杂，理赔周期较长；互联网保险产品的理赔以线上理赔为主，无须投保人举证，自动到账实现赔付，理赔过程快速便捷，如图 7－2、图 7－3 所示。在购买频次方面，互联网保险产品比传统保险产品更高频，例如网络购物过程中，很多人都会选择购买运费险或是卖家赠送运费险，在“双十一”“双十二”等网络购物节的当天，伴随着巨额的商品成交量，运费险的卖出量也是巨额的。在产品档次上，互联网保险产品较传统保险产品可供选择的档次更多、分类更细、更加个性化。

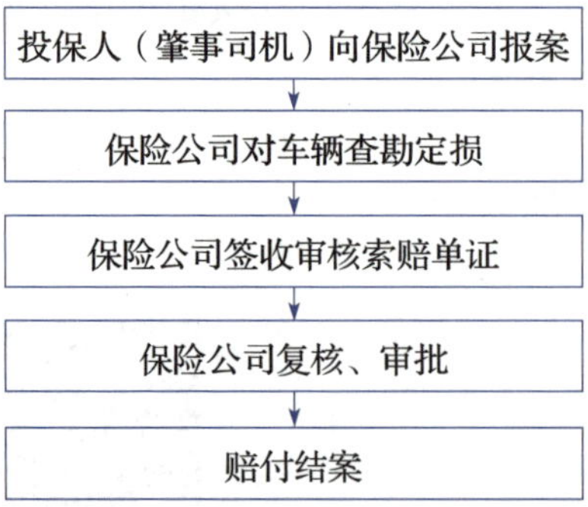

图 7－2　传统保险公司车险理赔流程

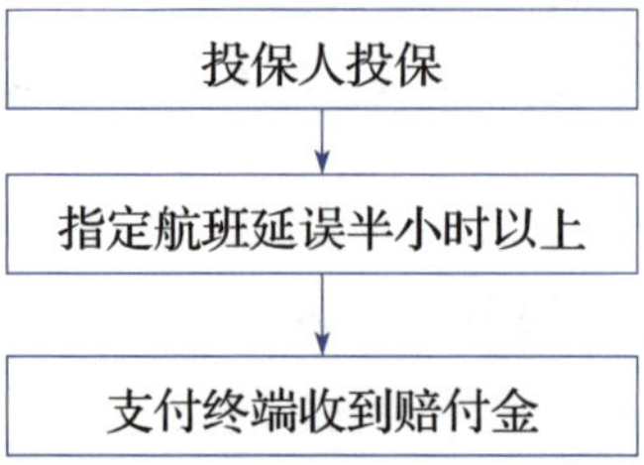

图 7－3　互联网保险航班延误险理赔流程

互联网保险产品与传统保险产品相比有很多优势。对于保险公司而言，互联网保险产品的销售过程中，没有中介机构，没有代理人员，没有中间环节，由消费者自主选择保险产品，保险公司不需要支付代理人佣金，这大大降低了保险公司的经营成本。互联网保险产品的销售降低了保险行业的进入壁垒，中小型的保险公司可以进入市场，参与市场的公平竞争，推动行业创新产品与服务。传统保险线下代理人会受到上班时间制约，且在跨区销售方面受限制。而互联网保险的销售可延长服务时间，提升服务效率，且可以实现跨区域销售，从而提升保险公司的效率。此外，可通过大数据技术对互联网保险消费者的需求进行了解，从而缩短产品研发周期，提高产品的创新能力。对于客户而言，互联网保险产品可以减少信息不对称，可以通过网络选择更适合自己且价格更优的保险产品，也可以享受到更好的服务。

任务三　了解互联网保险合同法律关系与风险

互联网保险合同法律关系

相比一般民事合同，互联网保险合同具有合同形式电子化、缔约过程虚拟化、合同成立便捷化等法律特征。互联网保险依托互联网技术，消费者通过网络进行保险产品购买的模式也日趋多元，所以互联网保险合同的法律关系比传统保险更复杂。

一、互联网保险合同的法律关系

互联网保险合同的法律关系和一般法律关系一样，也由主体、客体和内容三个部分组成。互联网保险合同主体分为三种：保险当事人、保险关系人和保险辅助人。保险当事人即互联网保险合同缔约的双方，也就是保险人与投保人。互联网保险合同关系人即被保险人与受益人。投保人可以是被保险人，也可以是其他符合投保要求的第三人。受益人是由投保人或被保险人指定，在发生保险事故时有权请求赔偿的人。互联网保险合同的辅助人分为保险代理人、保险经纪人和保险公证人。

互联网保险合同法律关系的客体是保险合同双方当事人权利与义务所指向的对象，即保险标的，分为物和物的相关利益及人的生命与身体。按保险标的不同，可以将保险分为财产保险和人身保险。互联网保险合同在缔约时不受时空限制，被保险人的确定与传统保险不同，因此容易引发法律风险。

互联网保险合同法律关系的内容是指当事人之间权利和义务的相关内容，由于不同主体的法律关系层次多且复杂，与传统保险合同的法律关系存在差异。对于互联网保险的保险人，除了履行传统保险合同中对投保人的义务，还应当有合法的自营资质，具备完善的网络安全管理体系，提供的互联网保险产品具备真实性，等等。对投保人的资格条件要求是对保险标的有保险利益，按保险合同缴纳保费以及如实告知等。互联网保险合同的被保险人与受益人在保险事故发生时均有赔偿请求权，两者不是互联网保险合同的当事人，因此无须缴纳保费。第三方网络平台是互联网保险发展中产生的新型保险辅助人，其与保险人是民事代理关系。它为保险人提供网络销售平台、信息技术及其他相关资源，代理营销互联网保险业务并代收保费。在义务方面，第三方平台需真实披露信息，如实宣传保险产品，对投保人资料信息保密。互联网保险合同与传统保险合同的共性与差异性如表 7－1 所示。

表 7－1　互联网保险合同与传统保险合同的共性与差异性

保险合同	共性	差异性
互联网保险合同	要式合同、最大诚信合同、双务合同、射幸合同	电子数据形式，对合同当事人的诚信有更高要求，保险人书面说明义务，强化对保险合同的解释说明，被保险人或受益人的权利被弱化，险种范围特定
传统保险合同		纸质合同、保险人口头说明义务

二、互联网保险业务风险

互联网保险
业务风险

（1）信息披露不充分。互联网保险业务主要是通过消费者自主交易完成，与传统交易方式相比，缺乏面对面的交流沟通。而网络销售强调吸引眼球、夸张演示的营销方式，与保险产品严谨审慎、明示风险的销售要求存在较大差异。因此全面、充分的信息披露和风险提示就显得尤为重要。目前，部分第三方平台销售保险产品，存在信息披露不完整不充分、弱化保险产品性质、混同一般理财产品、片面夸大收益率、缺少风险提示等问题，损害了消费者权益。

（2）产品开发不规范。虽然保险业在大数据应用方面进行了积极探索，但总体上，行业内部数据积累、数据挖掘、发现数据背后价值的能力还不平衡。由于缺少相关历史数据积累及应用，在创新型产品开发上还存在定价风险，可能产生较大偏差。此外，个别保险产品违背保险基本原理和大数法则，带有博彩性质，混淆了创新的边界。

（3）信息安全有风险。信息系统是互联网保险的技术基础。目前，支撑互联网金融的大数据、云计算等新技术发展还不成熟，安全机制尚不完善，安全管理水平有待提升。互联网保险的业务数据和客户个人信息全部电子化，信息安全若得不到有效保障，将有可能酿成业务数据和客户信息灭失、泄露的重大风险。

（4）创新型业务风险。互联网金融的兴起，丰富了金融产品层次，也产生了新的风险管理需求。保险公司对这类创新型业务的合规性判断、产品开发、风险识别和风险定价能力还有待提升。

（5）反欺诈能力待提升。互联网保险非面对面交易的特点，使保险公司无法直接观察和了解投保人或保险标的的风险水平，因此对公司风险管控能力提出了更高要求。当前，不法分子通过互联网投保后诈骗保险金等违法犯罪行为时有发生。

（6）客户服务能力需完善。销售只是保险经营链条上的一个环节，客户服务才是保险产品价值的真正体现。无论是传统产品网络化还是互联网创新产品，消费者都需要方便、快捷的理赔服务。目前，个别保险公司线下客户服务能力不足，没有实现服务“落地”，容易引发消费者的不满和投诉。

动动手：请上网搜查或找找你身边的互联网保险的业务风险案例。

任务四　熟悉互联网保险主要法律法规

为贯彻落实党中央、国务院决策部署，推动互联网保险风险专项整治工作有序开展，根据《关于促进互联网金融健康发展的指导意见》和《互联网金融风险专项整治工作实施方案》，中国保监会于2016年4月14日联合14个部门发布了《互联网保险风险专项整治工作实施方案》（以下简称《实施方案》），对互联网保险风险专项整治工作进行了全面部署，对整治工作的目标、原则、重点、职责分工和进度安排等都做出了具体规定。

互联网保险
核心法规

我国互联网保险的相关法律法规如表7-2所示。

表7-2　我国互联网保险相关法律法规

发布时间	名称	内容
2005年4月	《电子签名法》	规范电子签名的使用与保管，使互联网保险具备法律效力
2011年4月	《互联网保险业务监管规定（征求意见稿）》	促进互联网保险健康有序发展，防范网络保险欺诈，保护保险消费者利益
2016年1月	《中国保监会关于加强互联网平台保证保险业务管理的通知》	进一步明确了互联网保险的信息披露和内控管理
2016年4月	《互联网保险风险专项整治工作实施方案》	确定了整治工作的内容和原则，强调创新与防范风险并重，帮助市场把握政策导向
2020年12月	《互联网保险业务监管办法》	厘清监管对象和范围，要求仅持牌机构自营平台可从事保险销售，平衡了强监管、防风险和促创新高质量发展的关系
2021年10月	《关于进一步规范保险机构互联网人身保险业务有关事项的通知》	作为《互联网保险业务监管办法》的配套规范性文件，细化并完善了互联网人身保险业务相关监管规则
2024年7月	《关于加强和改进互联网财产保险业务监管有关事项的通知》	进一步规范了互联网财产保险业务，对保险机构开展互联网财产保险业务的条件、经营区域、服务体系、风险管理、数据安全等方面提出要求

一、《互联网保险业务监管办法》

互联网保险
业务监管新规

《互联网保险业务监管办法》由中国银行保险监督管理委员会于2020年12月7日发布，自2021年2月1日起施行。《互联网保险业务监管办法》共5章83条，具体包括总则、基本业务规则、特别业务规则、监督管理和附则。重点规范内容包括：一是厘清互联网保险业务本质，明确制度适用和衔接政策；二是规定互联网保险业务经营要求，强化持牌经营原则，定义持牌机构自营网络平台，规定持牌机构经营业务监管新规条件，明确非持牌机构禁止行为；三是规范互联网保险营销宣传，规定管理要求和业务行为标准；四是全流程规范互联网保险售后服务，改善消费体验；五是按经营主体分类监管，在规定“基本业务规则”的基础上，针对互联网保险公司、保险公司、保险中介机构、互联网企业代理保险业务，分别规定了“特别业务规则”；六是创新完善监管政策和制度措施，做好政策实施过渡安排。

（一）明确了互联网保险业务的概念，并厘清了政策的适用标准

《互联网保险业务监管办法》指出，互联网保险业务是指保险机构依托互联网订立保险合同、提供保险服务的保险经营活动。有两种情况：一是客户线上自助购买保险产品。保险机构通过互联网和自助终端设备销售保险产品，消费者能够独立通过保险机构自营网络平台的销售页面了解产品信息，并自主完成投保行为。二是线下沟通后，客户线上购买保险产品。保险机构及其从业人员通过线下面对面、在线交流、语音通话、电话销售、媒体宣传等方式开展保险咨询和销售活动，向投保人提供互联网投保链接的，属于互联网保险业务。

（二）明确了互联网保险的经营主体

只有保险公司和保险中介机构才是互联网保险的经营主体，规定只有保险法人机构自己设立的才是自营网络平台。也就是说，保险机构控股、参股或者通过子公司、母公司设立的都不属于自营网络平台，属于第三方平台，其不具备销售资质，不得经营保险业务。

（三）引导化解政策的公平性问题

《互联网保险业务监管办法》规定专业互联网保险公司不设分支机构，不得线下

销售保险产品，不得通过其他保险机构线下销售保险产品，但支持其在更大险种范围内进行线上经营。银保监会（现为国家金融监督管理总局）将发布互联网保险产品分级分类管理具体政策，促进保险公司提升服务水平，如服务水平不达标，应主动限制险种和经营区域。

（四）完善了监管制度

《互联网保险业务监管办法》要求保险机构建立人员资格准入和行为管理制度，开展信息审核、监测、检查，并承担合规主体责任。要求从业人员发布的营销宣传内容由所属保险机构统一制作。要求从业人员在营销宣传界面显著位置标明所属保险机构全称及个人姓名、证件照片、执业证编号等信息。后续配套完善代理人监管制度。同时，丰富了监管措施，包括监管谈话、责令改正、责令暂停部分或全部互联网保险业务等。

（五）意义

首先，《互联网保险业务监管办法》明确了互联网平台可以作为“营销宣传机构”，而并非经营保险业务及相关禁止行为。其次，《互联网保险业务监管办法》要求保险机构加强对合作方管理，加强对网络安全的保障，对合作情况进行检测，并鼓励保险与科技融合创新。再次，拟允许实力雄厚的互联网企业申请兼业代理资质，根据业务的相关度代理保险销售。此外，该办法要求保险公司完善保险销售人员的资格准入、行为管理制度、营销宣传及规范性、代理人监管制度等，与互联网保险制度实现有机衔接。

二、《关于加强和改进互联网财产保险业务监管有关事项的通知》

《关于加强和改进互联网财产保险业务监管有关事项的通知》（以下简称《通知》）共十六条，主要内容包括定义、经营条件、经营原则、经营区域、风控管理、经营行为规范、保险中介机构管控、落地服务、内部管理等。《通知》的实施有助于规范市场秩序、防范行业风险，推动互联网财产保险行业向高质量发展转型。具体影响包括：

第一，规范市场经营秩序。《通知》明确了互联网财产保险业务范畴，规定了经营条件，厘清了业务边界，能有效防止部分保险公司无序竞争和违规经营。

第二，优化业务产品结构。《通知》支持财产保险公司依托互联网特定场景开发小额分散、便捷普惠的财产保险产品，引导保险公司关注普惠金融领域，更好地服务实体经济和人民群众，满足不同消费者群体的保险需求，也有助于扩大保险覆盖面，让更多人享受到保险保障。

第三，促进公司转型发展。对于部分暂停业务的财险公司而言，这是重新审视自身业务结构的契机。公司可借此分析在互联网保险业务中的优势和不足，调整业务战略，或在满足监管要求后重新规划互联网业务发展路径。

第四，提升消费者保护水平。《通知》重点加强了经营行为规范、落地服务等方面的监管，要求保险机构建立全流程服务体系，保障消费者的知情权、自主选择权和公平交易权等合法权利，能增强互联网财产保险业务的透明度和保险服务的可获得性，使消费者更放心。

任务五　熟悉互联网保险其他法律法规

一、国内互联网保险其他法律法规

（一）互联网保险交易平台有关法律依据

2009 年商务部发布《电子商务模式规范》，5.1 条规定网上商厦（Business to Consumer，B2C）“是提供给具有法人资质的企业在网上开店进行实物和服务交易的由第三方经营的电子商务平台，此第三方负责对网上商厦的交易进行管理，并不得参与交易”。6.1 条规定网上商店（B2C）“经营者必须是经过工商行政管理部门和税务机关登记注册的法人，且在网站首页下方刊登企业营业执照、税务登记证、特殊业务许可证、真实的企业经营地址、联系电话等信息”。9.1 条规定网上交易市场（Consumer to Consumer，C2C）“是提供给自然人间进行实物和服务交易的由第三方经营的电子商务平台，因此必须由第三方负责经营，此第三方必须是具有经工商行政管理部门和税务机关登记注册的法人，且在网站首页下方刊登企业营业执照、税务登记证、真实的企业经营地址、联系电话等信息，负责对网上交易市场的交易进行服务和管理，并不得参与交易。买卖双方只能是自然人”。

（二）电子证据有关法律依据

我国《民法典》第 469 条规定："书面形式是指合同书、信件、电报、电传、传真等可以有形地表现所载内容的形式。以电子数据交换、电子邮件等方式能够有形地表现所载内容，并可以随时调取查用的数据电文，视为书面形式。"故通过互联网交易生成的电子保单是我国法律认可的书面形式保险合同。

此外，《电子签名法》第 3 条规定，民事活动中的合同或者其他文件、单证等文书，当事人可以约定使用或者不使用电子签名、数据电文。当事人约定使用电子签名、数据电文的文书，不得仅因为其采用电子签名、数据电文的形式而否定其法律效力。《电子签名法》明确了数据电文作为证据的合法性，不仅认定电子签名与传统手写签章具有相同的法律效力，而且肯定了电子证据的合法有效性，解决了投保人身份认定等问题。

在互联网保险交易实践中，投保人可以选择要求保险人向其寄送有关保单、保险条款等书面文件，以便取得相应保险单据及付款凭证的原件。但目前的整个在线投保流程均在互联网上操作实现，包括选择保险产品、投保、生成电子保单、核保及网上银行支付保费等。如此种情况下产生诉讼，则案件中的主要或全部证据都表现为电子证据，法院依据电子证据作出裁判。

（三）互联网保险合同免责条款有关法律依据

根据《保险法》及《最高人民法院关于适用〈中华人民共和国保险法若干问题的解释（二）〉》有关规定，保险人在对自己的免责条款作出说明时，必须达到使投保人对这些免责条款清晰明白、确定不移，投保人认为自己已没有含混之处的程度。

互联网保险交易中没有保险公司的相关人员当面具体说明行为，但保险人可以通过互联网手段，将相关的事项制成图文形式的说明手册、音频、视频等，并进行规范的讲解。在进行互联网投保时，投保人可以自主选择讲解方式，并在得到保险人肯定的反馈操作完成后，再确认投保。

（四）保险合同成立与生效有关法律依据

《民法典》第 483 条规定："承诺生效时合同成立，但是法律另有规定或者当事人另有约定的除外。"第 491 条特别约定："当事人采用信件、数据电文等形式订立合同要求签订确认书的，签订确认书时合同成立。当事人一方通过互联网等信息网络发布的商品或者服务信息符合要约条件的，对方选择该商品或者服务并提交订单成功时合同成立，但是当事人另有约定的除外。”第 502 条规定：“依法成立的合同，自成立时生效，但是法律另有规定或者当事人另有约定的除外。”

二、国外互联网保险法律法规

1998 年美国就有 82％的保险企业开通了网上销售平台，在线为客户定制保险方案，之后美国国民第一证券银行首次通过互联网销售保单，销量火爆，此后保险行业积极运用互联网方式对销售和服务模式进行创新，现在所有保险机构都有在线销售渠道。美国的 eCoverage 公司实现了所有业务的互联网化或移动互联化，迅速成为美国保险业的巨头之一。互联网保险的用户很多，其中 2012 年互联网车险的保费规模占整个市场的 30％以上，人寿保险、伤残保险等使用互联网的购买比例也稳定在 10％以上。美国互联网保险行业通过科技创新了销售和服务模式，改进了监管和服务能力，通过大数据进行了精准化营销。通过技术创新了保险产品，例如车险的 UBI 系统就是基于车主驾驶行为来精准定价、降低风险、提升客户体验的。在监管方面，美国政府先后出台了多项法律法规以促进互联网金融与电子商务的发展，对互联网保险是宽松而审慎的。1997 年，美国颁布了《全球电子商务纲要》，对电子商务进行了解释与约束。1998 年，美国保险监督官协会在《互联网保险营销》中，明确了互联网保险的电子签名、资金划拨、隐私保密原则、合同形式以及执业认证等方面的问题。2000 年，《电子签名法案》推动了电子数据签名的进程。2001 年，美国颁布了《第五号函件》，为互联网销售保险业务提供指南，一方面规范了保险人的行为，另一方面保护投保人利益。美国保险市场监管的重点是偿付能力和市场行为，由保险监管信息系统（RIRS）、财务分析追踪系统（FAST）、风险资本监管要求（RBS）和现金流测试（CFT）四个核心组成的偿付能力监管体系，从不同角度对包括互联网保险在内的所有保险业务进行科学监管。此外，评级机构作为独立法人，公正评判保险公司的财务、债务方面的情况，得到业界广泛认可，完善的评级体系成为美国互联网保险发展的特色，提升了监管的效果，促进了互联网保险行业的良性发展。

英国的保险行业也是互联网化进程较早的，2004 年，车险的在线销售比例大于 40％，财产险的在线销售比例大于 25％。英国法律规定电子保单拥有和传统保单同样的法律效力，因此其监管也和传统保险机构一致。目前，英国互联网保险销售从最初的B2C模式，又发展了B2E（Business to Employee）模式和B2B（Business to Business）模式，运营效益高。在线保险机构通过不断创新，商业模式分为门户网站模式、信息汇总模式和逆向竞拍模式，在服务方面明显优于其他国家，比传统保险更便捷，受到众多消费者的欢迎。英国的互联网行业的准入采取适度审慎原则，保险行业的门槛较高。监管侧重于明确业务范围、加强道德风险监管、保险业务服务能力和质量评价、网络安全监管等方面。英国政府在互联网保险发展初期颁布了《数据保护法》《电子商务条例》《远程销售条例》等促进电子商务发展。同时英国保险监管的特色是给予市场极大的自由，除了金融行为监管局，没有其他政府机构对保险企业进行监管，而是由自律组织自行管理保险业务。

由于出台了多项监管法律对保险业设定了严格的市场准入制度，日本的互联网保险较其他发达国家都晚一点。1999年，日本出现了第一家完全通过互联网销售保险的企业。此后，日本政府陆续推出《与书面形式要件等有关信息通信技术利用方面的相关法律政策》《电子签名及认证制度法》《电子商务消费者契约及电子承诺相关的民法特别法》等对保险法进行了部分修订。在新的《保险业法》实施后，日本保险业由之前的封闭监管走向对内监管、对外开放，但对互联网保险业同样采取了严厉的监管方式。作为国际保险监督官协会（IAIS）的会员，日本保险监管部门遵从该协会的原则、基准与指引。日本的互联网保险在对外开放过程中，不断借鉴他国优秀经验，对监管规则不断推陈出新。要求互联网保险机构同传统保险机构一样，进行详尽的信息披露，定期将公司财务情况和运营状况进行公开，通过信息透明来降低保险机构对消费者的风险。

任务六 案例分析

案例一

未按照规定使用保险备案条款费率

阳光人寿保险股份有限公司通过官方微信公众号营销产品，发布的关于每份保险对应的保险费及犹豫期后退保可申领的账户价值与向保监会（现为国家金融监督管理总局）备案的不同，且未按规定对保单进行回访追踪与处理，保监会经过认定，对阳光人寿与直接责任人进行行政处罚。

阳光人寿向保监会报备的《阳光人寿“理财一号”两全保险（万能型）条款》中规定，每份保险对应的保险费为 1 000 元；在犹豫期后申请并经公司同意，客户可以部分领取个人账户价值等。但阳光人寿通过微信公众号“阳光互联网金融”销售“理财一号”两全保险（万能型）时，该产品的销售界面宣称：每份最低 100 元，最高 10 000 元，可在 100～10 000 元的范围内购买任意金额，每份保单只支持全额退保，不支持部分领取等。2014 年 5 月至 8 月，阳光人寿按照上述宣传口径销售保单，已构成未按照规定使用经备案保险条款费率的行为。

阳光人寿未按照保监会有关规定对上述保单进行回访追踪和处理。时任阳光人寿客户权益与体验部总经理对上述违法行为负有直接责任。上述事实，有现场检查事实确认书、微信公众号宣传截图、记账凭证、涉案保单清单、“理财一号”两全保险（万能型）备案报告、回访情况说明、相关人员询问笔录等证据证明，足以认定。

案件在审理过程中，当事人阳光人寿提出陈述申辩，申辩意见认为：公司将“理财一号”两全保险（万能型）每份保单的最低保费改为 100 元，属于可允许的投保规则调整；由于该产品的件均保费和账户价值较低，部分领取实际意义不大，实际也无人提出申请，因此公司根据互联网产品简易化的特点，不建议客户部分领取个人账户价值；以电子界面形式回访属于线上回访方式的尝试。因此，请求对公司免予行政处罚。保监会对阳光人寿的申辩意见做了认真复核，对阳光人寿申辩意见不予采纳。保监会作出如下处罚决定：

1. 阳光人寿未按照规定使用备案保险条款费率的行为，违反了《保险法》第 136 条，根据该法第 172 条，决定对阳光人寿罚款 10 万元。

2. 阳光人寿未按照规定进行回访的行为，违反了《人身保险新型产品信息披露管理办法》第 10 条，根据该管理办法第 34 条，决定对阳光人寿警告并罚款 1 万元，对当事人警告并罚款 5 000 元。

法律链接：

《保险法》（2009 年版）第 136 条：关系社会公众利益的保险险种、依法实行强制保险的险种和新开发的人寿保险险种等的保险条款和保险费率，应当报国务院保险监督管理机构批准。国务院保险监督管理机构审批时，应当遵循保护社会公众利益和防止不正当竞争的原则。其他保险险种的保险条款和保险费率，应当报保险监督管理机构备案。

保险条款和保险费率审批、备案的具体办法，由国务院保险监督管理机构依照前款规定制定。

《保险法》第 172 条：违反本法规定，有下列行为之一的，由保险监督管理机构责令改正，处 10 万元以上 50 万元以下的罚款；情节严重的，可以限制其业务范围、责令停止接受新业务或者吊销业务许可证：

（一）编制或者提供虚假的报告、报表、文件、资料的；

（二）拒绝或者妨碍依法监督检查的；

（三）未按照规定使用经批准或者备案的保险条款、保险费率的。

《人身保险新型产品信息披露管理办法》第 10 条：保险公司对新型产品投保人的回访应当在犹豫期内完成。回访应当首先采用电话方式，并制作录音；电话回访不成功的，可以采用信函或者会见等方式，但必须取得投保人签名的回执；通过以上所有方式均不能成功回访的，保险公司应当就回访情况及不能成功回访的原因等有关内容进行详细记录。保险公司应当妥善保管回访的录音及其他证明材料，保管期限自保险合同终止之日起计算，保险期间在 1 年以下的不得少于 5 年，保险期间超过 1 年的不得少于 10 年。

《人身保险新型产品信息披露管理办法》第 34 条：保险公司未按照本办法要求及时进行回访，或者回访不符合本办法要求的，由中国保监会及其派出机构责令改正，给予警告，对有违法所得的处违法所得 1 倍以上 3 倍以下的罚款，但最高不得超过 3 万元，对没有违法所得的处 1 万元以下的罚款。对其直接负责的主管人员和其他直接责任人员给予警告，并处 1 万元以下的罚款。

启示与建议：

本案例的保险公司通过互联网销售保险产品，为了吸引更多投保人，将固定保险费修改为有价格区间的保险费，为了自身利益，不支持部分领取个人账户价值，损害客户权益，且未按规定回访。按照规定，保险机构设计保险产品应综合考虑各类因素，不应无限细分风险单位。对于通过网络等新型方式销售的保险产品，根据有关规定，回访应当首先采用电话方式。阳光人寿违法行为事实清楚，证据充分，应当依法予以处罚。

案例二

夸大保险产品收益

国家金融监督管理总局某派出机构接到保险消费者投诉，反映某人身保险公司通过互联网渠道向其销售过程中涉嫌违规。经查，发现该公司在向该消费者销售某分红型人身保险时存在以下行为：一是销售人员郭某在电话中称该保险的满期利益为40多万元并且即将停售，与产品的实际情况不一致。二是续期服务人员刘某欺骗投保人，夸大产品分红收益，并在解释红利分配方式时，存在不实表述。此外，还发现未向投保人寄送红利通知书等其他问题。对以上违法违规问题，监管机构对该公司罚款5万元，并对销售人员郭某、刘某分别予以警告。

法律链接：

根据《人身保险新型产品信息披露管理办法》的规定，人身保险新型产品是指投资连结保险、万能保险、分红保险以及中国保险监督管理委员会认定的其他产品。销售人身保险新型产品应向保险消费者充分说明以下内容：分红保险未来红利分配水平是不确定的，其中采用增额方式分红的，应当特别提示终了红利的领取条件；投资连结保险的投资回报是不确定的，实际投资收益可能会出现亏损，产品投资风险由投保人承担；万能保险在最低保证利率之上的投资收益是不确定的，取决于公司实际经营情况。

在上述案例中，保险公司销售人员郭某、刘某欺骗投保人，故意夸大保险产品收益，隐瞒保单利益的不确定性，属于典型的人身保险销售误导行为。

启示与建议：

一是正确认识保险保障功能。保险是一种风险管理手段，保险产品主要功能是提供风险保障，人身保险以人的生命或身体为保险标的，在被保险人发生保险合同约定的保险事故时给付保险金。二是勿受高息诱导。有的销售人员在推销人身保险新型产品时，存在以历史较高收益率进行披露、承诺保证收益等销售误导行为。应提高警惕，理性对待销售推荐行为，树立科学保险消费理念，认真了解保险合同条款。

案例三

委托未取得合法资质的第三方销售

依据《中华人民共和国保险法》（以下简称《保险法》）的有关规定，保监会（现为国家金融监督管理总局）对永诚财险涉嫌违法一案进行了调查、审理，并依法向当事人告知了作出行政处罚的事实、理由、依据以及当事人依法享有的权利。

经查，永诚财险存在委托未取得合法资格的机构从事保险销售活动的下列违法违规行为：2015 年至 2017 年，永诚财险及下属分公司与未取得保险兼业代理证的第三方公司签订协议，委托其为永诚财险微营销平台实质开展保险销售活动，共实现保费收入 27.4 亿元，永诚财险共支付技术服务费用 8.52 亿元。冯某、韩某直接决策和主导了上述违法行为，负有直接责任。

互联网保险
案例解析

法律链接：

永诚财险委托未取得合法资格的机构从事保险销售活动的行为，违反了《保险法》（2014 年版）第 116 条的规定，保险公司及其工作人员在保险业务活动中不得有下列行为：（八）委托未取得合法资格的机构从事保险销售活动。根据该法第 161 条规定，对永诚财险责令改正并罚款 30 万元；根据该法第 171 条规定，对冯某警告并罚款 10 万元，对韩某警告并罚款 10 万元。

启示与建议：

针对上述情况，监管部门依法采取监管措施，保护保险消费者合法权益。同时，保险消费者在购买产品时，应注意确认销售人员和销售机构的资质，根据公示信息，判断销售人员是否具备代销保险业务相应资格，判断机构是否具备销售资格。若销售人员或机构不符合上述条件，保险消费者应拒绝购买，并可根据公示的咨询举报电话进行举报。

案例四

未按规定明确披露信息

2017年，某演员在微博上怒斥携程捆绑消费，引起了社会广泛关注。由于在携程购买机票、火车票时都会默认勾选酒店优惠券、航意险、交通意外险等，如果消费者没有把钩给去掉，那么就被强制消费了。某演员因为在携程购买机票时忘记把钩去掉了，因此被强制捆绑消费了38元。依据《中华人民共和国保险法》（以下简称《保险法》）的有关规定，上海保监局对携程保险代理有限公司涉嫌违法一案进行了调查、审理，并依法向该公司告知了作出行政处罚的事实、理由、依据以及公司依法享有的权利。

上海保监局检查发现，2016年度携程保险代理有限公司通过携程旅行网销售保险产品过程中存在如下违法违规行为：

（1）未明确披露承保公司、代理销售主体。

在通过携程旅行网销售保险产品过程中，未明确列明承保主体和代理销售主体，未具体告知消费者承保公司、代理销售公司名称。

（2）未明确披露产品条款信息及批备编号。

在保险订单确认环节，罗列了全部合作的多家保险公司产品条款链接和备案号，未具体披露消费者所投保的保险产品适用哪家公司条款及相应备案号。

上述事实，有对通过携程旅行网在线购买机票、火车票、预订酒店披露内容动态录屏，对通过携程旅行网在线购买机票、火车票、预订酒店披露内容截屏，航空组合险产品条款及备案号披露页面，订单系统后台日志和保险产品信息披露信息，该公司相关人员调查笔录，盖章确认的现场检查事实确认书等证据证明。

上海保监局决定作出如下处罚：

公司上述未明确披露承保公司、代理销售主体信息以及未明确披露所售保险产品的合同条款、批备编号信息的行为，违反了《保险法》第131条第2项的规定，根据《保险法》第165条的规定，责令公司改正，处罚款30万元。根据《保险法》第171条的规定，对直接责任人给予警告，并处罚款10万元。

法律链接：

《保险法》第131条第2项：保险代理人、保险经纪人及其从业人员在办理保险业务活动中不得有下列行为：（二）隐瞒与保险合同有关的重要情况。

第165条：保险代理机构、保险经纪人有本法第一百三十一条规定行为之一的，由保险监督管理机构责令改正，处五万元以上三十万元以下的罚款；情节严重的，吊销业务许可证。

第171条：保险公司、保险资产管理公司、保险专业代理机构、保险经纪人违反本法规定的，保险监督管理机构除分别依照本法第一百六十条至第一百七十条的规定对该单位给予处罚外，对其直接负责的主管人员和其他直接责任人员给予警告，并处一万元以上十万元以下的罚款；情节严重的，撤销任职资格。

启示与建议：

一些第三方网销保险平台存在保险产品定名不规范、信息披露不全面，以及保险核保审查缺失、不提供保险单证等问题。部分保险产品在宣传、销售时用词颇为吸引眼球，如“结婚保险”“退房保险”“扶老人险”“熊孩子保险”等，其实质仍为意外险、责任保险等险种。这些保险名称看似人性化，其实可能存在合规问题、歧义或误导，容易引发保险纠纷。部分第三方平台承保界面设置较简单，只需输入投保人或被保险人基本信息即可完成投保与合同生效，投保过程未经过保险公司核保程序，也未对免责条款等重要的保险条款内容进行说明或告知。相关保险公司未主动向消费者提供有效的保险凭证、收费凭据，仅以短信通知的方式告知保单生效、收费金额等信息。

2017年9月，保监会发布《关于在互联网平台购买保险的风险提示》称，互联网保险业务蓬勃发展，虽然给保险消费者带来了便捷，但也存在一些风险隐患。消费者在互联网平台购买保险时要着重注意以下风险：一类风险是产品宣传藏“忽悠”，在互联网平台购买保险时一定要仔细阅读保险合同；另一类风险是不法行为“鱼目混珠”，一些不法分子利用互联网平台虚构保险产品或保险项目，假借保险之名非法集资。

本案例属于第一类风险，通过第三方平台购买旅游出行服务的消费者，关注点在行程、交通工具、住宿与餐饮，对保险的关注度不高。若第三方平台将保险选项设置为默认则容易被消费者忽略条款或误买，造成保险消费者权益的损害。

案例 五

虚假宣传“炒停”营销

国家金融监督管理总局某派出机构在“亮剑行动”专项检查中发现，某人身保险公司保险代理人马某在其微信朋友圈中发布“购买返还型健康险最后机会”“重大疾病保险费率调整”等“炒停”信息，以“即将停售”概念误导消费者，涉嫌虚假宣传。

法律链接：

根据《人身保险销售误导行为认定指引》，办理保险销售业务的人员不得对与保险业务相关的法律、法规、政策作虚假宣传；不得有以保险产品即将停售为由进行宣传销售，实际并未停售。此外，即使保险公司决定在部分区域停止使用保险条款和保险费率，根据《人身保险公司保险条款和保险费率管理办法》规定，保险公司也不得以停止使用保险条款和保险费率进行宣传和销售误导。

在上述案例中，马某作为保险代理人，用“炒停”等营销策略开展保险业务属于违规行为。人身保险产品分为普通型、分红型、万能型、投资连结型等，“返还型健康险”这种表述并不准确。马某借用“返还型健康险”表述混淆健康保险的特点和作用，实为虚假宣传，误导消费者。

启示与建议：

一是消费者购买保险时，应当仔细阅读保险条款，不要盲目跟风冲动消费，根据自身需求理性选择。二是提高风险防范意识，不轻信网络传言，相关政策信息应以官方渠道发布的为准。如有疑问，及时通过官方渠道向相关保险机构咨询或向监管部门反映，以免造成不必要的损失。

想一想：如果你是保险销售人员，如何营销保险产品才能在提升你的业绩的同时，又保障客户利益不受损？

任务七　互联网保险合规实训

实训一

1. 实训目标

学会区分互联网保险产品。

2018 年 11 月 13 日，京东旗下京东互保与众惠财产相互保险社联合推出“京东互保”，但两天后被叫停。2023 年 7 月 7 日报道，金融管理部门对蚂蚁科技集团股份有限公司及旗下机构处以罚款（含没收违法所得）71.23 亿元。要求蚂蚁集团关停违规开展的“相互宝”业务，并依法补偿消费者利益。

2. 实训要求

请通过网站查询，分析上述产品是否为互联网保险产品，并指出其存在的问题。

3. 定义步骤

实训步骤 1：网络搜索相互宝，了解相关信息。

实训步骤 2：了解京东互保情况及下架原因。

实训步骤 3：整理信息，分析对比后填入表格。

产品名称	服务内容	是否互联网保险产品	关停的原因
相互宝			
京东互保			

实训二

1. 实训目标

熟悉互联网保险公司资质要求。

2. 实训要求

请通过网络搜索，查询互联网保险平台业务牌照的审批机关、申请条件，并列出四家持有互联网保险平台业务牌照的公司及其经营范围。

业务牌照审批机关		
申请条件		
持牌公司	名称	经营范围
1		
2		
3		
4		

3. 实训步骤

实训步骤 1：进入国家金融监督管理总局官网。

实训步骤 2：点击网站“在线服务”中的查询服务。

实训步骤 3：确认平台信息后，根据需要搜索相关信息。

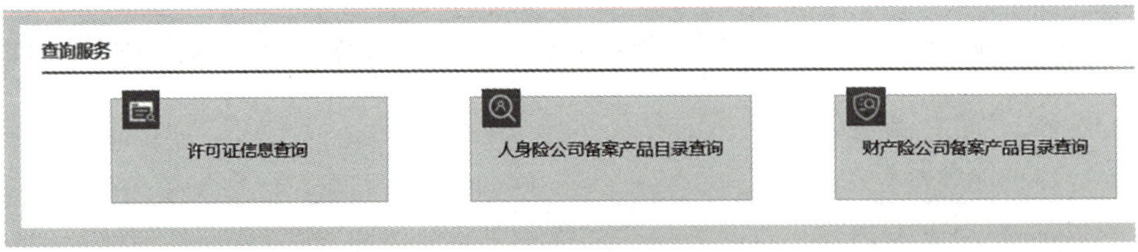

实训三

1. 实训目标

识别保单真伪。

2. 实训要求

熟悉纸质保单和电子保单的内容，分辨保单的真伪，总结真伪鉴别方法。

保单形式	真伪鉴别的具体方法
纸质保单	
电子保单	

3. 实训步骤

实训步骤 1：观察一份纸质保单，对其保单号、发票号、保险生效时间、保单背面信息等进行辨别。

实训步骤 2：登录保险公司官网或第三方网站，进入产品中心，对保单上的险种进行查询，分析产品是否一致。

实训步骤 3：通过电话客服、网络客服或微信客服查询真伪。

实训步骤 4：总结鉴定方法及查询过程中需提供的信息。

实训四

1. 实训目标

掌握互联网保险产品的特征。

2. 实训要求

对比分析不同销售模式下保险产品的保费情况与区别。

互联网保险产品保费的情况与区别

销售模式	航空延误险	健康险
保险公司官网销售模式		
第三方网络平台模式		
纯互联网保险公司模式		
传统保险与互联网保险的产品保费区别：		
不同销售模式下互联网保险保费的区别：		

航空延误险通常由保险机构与第三方平台合作销售，在消费者订购机票的同时可以选择投保，因此在自营网络平台上较少有在机票订购成功后单独购买的航空延误险。以下选择平安保险官网、支付宝等保险渠道进行分析。

3. 实训步骤

（1）平安保险官网。

实训步骤 1：打开平安保险商城，选择飞常开心航空保险。

实训步骤 2：查看保障计划、保障解读，点击立即投保。

保障计划

保障计划	保障项目	套餐1
基础保障	航班备降、迫降	100元
	飞机意外伤害身故和残疾	100万元
	航班延误	100元

保障项目	保障解读
航班备降、迫降	保险期间内，被保险人实际搭乘的固定航班遭遇备降或者迫降的，赔偿100元，仅赔付1次。
飞机意外伤害身故和残疾	在保险期间内，被保险人以乘客身份乘坐民航客机期间因遭受意外伤害事故导致身故、伤残费用支出的，保险人依照约定给付保险金。身故保险金和伤残保险金累计给付不超过意外伤害保险金额。
航班延误	保险期间内，航班延误起飞时间超过2小时及以上的赔偿100元，仅赔付1次。

实训步骤 3：填写投保人和被保险人信息，并阅读投保须知、保险条款、协议之后，再次点击立即投保。

（2）支付宝。

实训步骤 1：打开支付宝的蚂蚁保，搜索航班延误险。

蚂蚁保

实训步骤 2：选择国内航班延误，查看保障规则、保障信息等。

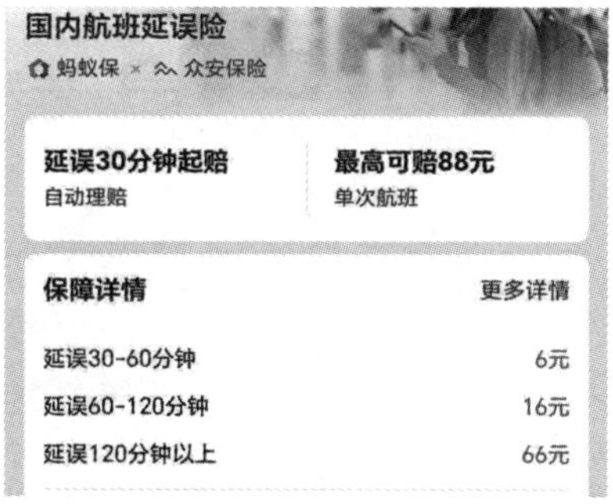

注意：航班延误险与航空意外险不同，它是指根据航班延误保险合同规定，投保人向保险公司支付保险费，当合同约定的航班延误情况发生时，保险公司按照约定支付赔偿金额的保险。而航空意外险是航空旅客人身意外伤害保险的简称，指在保险期间内因飞机意外事故造成人身伤害导致身故或残疾时，保险公司按照合同约定给付保险金的保险。可以看出航班延误险是一种财产保险，而航空意外险属于意外伤害保险。消费者可以选择购买航空意外险和航班延误险的组合产品，或者单独购买航班延误险。不同的航空延误险对延误的起赔时间规定不同，有的规定两小时，有的规定四小时，消费者在购买的时候需仔细阅读“保险责任”和“责任免除”等保险条款内容。

实训步骤 3：分析比较不同平台航班延误险保费与期限的区别，并对不同平台上的健康险进行分析。

实训五

1. 实训目标

认识运费险。

2. 实训要求

请打开淘宝网或支付宝，查询运费险的相关信息。

问题	信息
退货运费险如何购买？	
保单何时生效？保障周期多久？	
如何发起理赔？理赔款多久到账？	
运费险风险如何评估？	
为何不能投保运费险？	
拒赔的情况有哪些？	
不属于保险合同约定的网购范围的有哪些商品？	

3. 实训步骤

实训步骤 1：打开淘宝网筛选任意未标注退货免运费的商品，或打开支付宝点击蚂蚁保。

实训步骤 2：选择商品进入结算界面，点击退货权益，查看保险条款和重要说明。或在蚂蚁保搜全网运费险，查看保障详情。

实训步骤 3：对比全网运费险和普通运费险的不同之处。

项目小结

内容	关键知识点及技能	要求
认识互联网保险	互联网保险的概念与特征	掌握
互联网保险的业务模式与产品类型	互联网保险业务模式与传统保险业务模式的区别，以及典型的互联网保险产品	熟悉
互联网保险法律法规	国家出台的主要法律法规与其他法律法规，以及违法的处罚条例	熟悉

项目八
XIANG MU BA

监管科技

学习目标

- 理解监管科技的内涵
- 掌握监管科技的主要应用场景
- 了解监管科技的发展趋势

素养目标

- 遵守行业操守
- 树立正确的人生观、价值观

关键词

监管科技、金融科技、应用场景、趋势

知识点导图

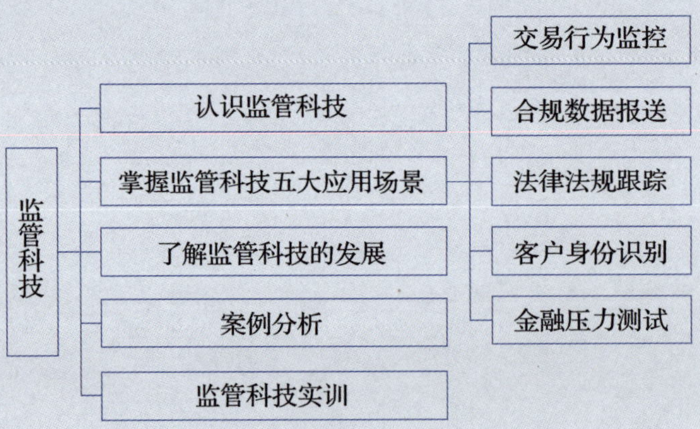

任务一 认识监管科技

随着金融科技的迅猛发展，金融创新层出不穷，给金融监管带来了前所未有的挑战。传统的监管方式在应对金融科技带来的复杂性和不确定性时显得力不从心。监管科技（RegTech）作为金融科技与监管的融合产物应运而生，旨在运用科技手段提高监管效率和效果，降低监管成本，促进金融市场的健康稳定发展。

党的二十大报告指出："加强和完善现代金融监管，强化金融稳定保障体系。"金融服务行业基本上延续两条创新发展路径，即金融需求与科技深化，且历经了传统金融、互联网金融与金融科技阶段。当前，金融科技深度嵌入金融服务行业，并通过市场与政府资源配置形成了"双重法则"，即金融科技通过市场化创新可以实现资源的优化配置，但是金融科技创新发展同样给我国统一大市场的金融监管体系带来了挑战，亟待通过政府配置实施金融监管，因为金融科技"混业性"与金融监管"分业性"存在发展冲突，金融科技"去中心化"与金融监管"趋中心化"存有逻辑分野，金融科技"风险复杂化"与金融监管"目标分散化"具有现实矛盾。因此，需要变革金融监管理念，对金融科技实施统一监管；创新金融监管工具，稳步推进"监管沙盒"建设；调整金融监管目标，防范金融风险并保护消费者权益。

想一想：我国监管科技可以从哪些方面入手？

一、监管科技的定义

监管科技（RegTech）是一个合成词，由"监管（Regulation）"和"科技（Technology）"两个词结合而成。它是指将科技运用于金融监管之中，是优化监管框架、提升监管手段、降低监管成本的一种新型技术手段。监管科技通过使用区块链、大数据、人工智能等现代技术，以比传统手段更为高效和低廉的成本来满足金融机构的监管和合规性要求。

二、监管科技的特征

（一）高效性

监管科技利用先进的技术手段，能够快速处理和分析大量的金融数据，实现实时监管和风险预警，大大提高了监管的效率。

（二）精准性

通过对金融数据的深度挖掘和分析，监管科技可以更准确地识别金融机构的合规风险和潜在风险，为监管决策提供科学依据。

（三）低成本

相比传统的监管方式，监管科技可以减少人力和物力的投入，降低监管成本，提高监管资源的利用效率。

（四）创新性

通过不断引入新的技术和理念，监管科技可以推动金融监管的创新和发展，适应金融科技快速变化的需求。

三、监管科技参与者

监管科技生态主要有三大参与者，即监管机构、金融机构及监管科技公司，如图 8-1 所示。其中，监管机构与金融机构是监管科技的需求方，监管机构利用监管科技提升监管效率，金融机构利用监管科技更有效、更高效地满足监管需求；监管科技公司是监管科技的供给方，通过挖掘监管机构与金融机构的需求，构建算法等技术能力以及通用技术平台，为监管机构及金融机构提供满足监管合规的技术服务。

动动手：请通过网络搜索列示尽可能多的监管科技生态参与者。

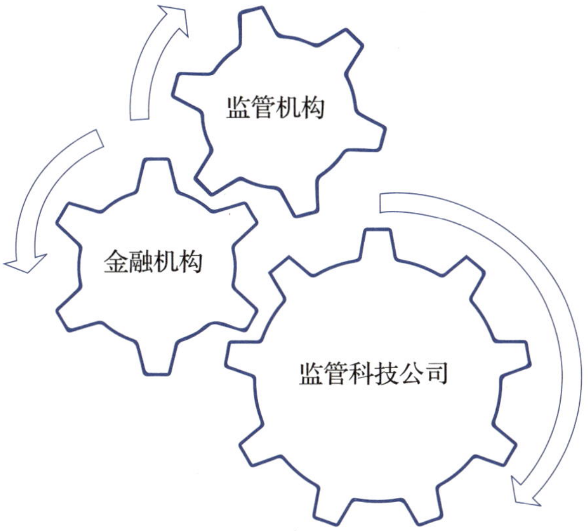

图 8-1 监管科技生态的三大参与者

四、监管科技的核心技术

区块链、云计算、机器学习等是监管科技的核心技术。监管科技本质上是通过先进的技术帮助金融机构和监管机构更好地满足合规要求以解决监管问题，目前已有多项技术和科技创新得到开发升级，并且得以落地应用。

（1）区块链。区块链的去中心化、不可篡改、实时动态在线等特性，使其天然地与金融高度契合，并且在金融监管、反洗钱、金融风险控制等细分领域有着突出的表现。

（2）云计算。云计算能够处理更复杂、更精细的数据，保证数据的准确性，提升数据的可视化效果。在机构运行方面，云计算可以创建标准化的共享工具，既能够服务于单个金融企业，又能运用于全行业的多个参与主体间。

（3）应用程序接口（API）。API 通过与其他软件程序进行连接，实现信息和数据的交互。将 API 应用于监管，监管机构可为金融企业提供一系列监管服务的程序接口，金融企业可通过 API 自动向监管机构提交监管报告，降低企业合规成本。

（4）机器学习。机器学习的数据挖掘算法可以分析大量的非结构化数据，如图像和语音等，也能分析来自付款系统的低质量数据。此外，机器学习可以成为压力测试的分析工具，解决传统分析工具难以解决的大规模数据处理难题。

（5）生物识别技术。指纹识别、声音识别、人脸识别等生物识别技术可以自动化识别用户身份，满足“客户身份识别”（Know Your Customer，KYC）的应用要求，从而提高工作效率和安全。

（6）加密技术。加密及安全技术的改进，能够确保数据流通、共享的安全性和完整性，提升信息披露的有效性，使得被监管机构之间以及监管机构与被监管机构之间可以更加高效、便捷地进行数据流通和共享。

（7）数据挖掘与分析。针对多源异构金融数据，特别是低质量数据，综合运用数据挖掘、模式规则算法、分析统计等手段进行多层清洗，可使获得的数据具有高精度、低重复、高可用优势，为风险态势分析等提供更为科学合理的数据支持。

五、监管科技发展现状

为应对金融科技的创新冲击，不少国家（如英国、美国等）秉承负责任的创新监管原则，即在不抑制创新的基础上实施创新监管。“监管沙盒”作为可以为金融科技发展提供良好环境的监管工具，被海外不少国家与地区广泛采用，只是其金融监管机构以及监管目标有所不同，如表 8－1 所示。不过，从市场规制与宏观调控两个层面来看，这些国家与地区“监管沙盒”的目标主要聚焦于促进金融创新与市场竞争、实施合理监管、保护金融消费者、防范金融风险等。其中，英国金融行为监管局（FCA）认为“监管沙盒”是一个“安全空间”，金融科技企业可以在其中测试创新产品、服务、模式等；新加坡金融管理局（MAS）对金融科技实施创新型监管，通过“监管沙盒”为金融科技创新提供了一个良好的制度环境。“监管沙盒”工具有利于促进金融科技尤其是初创企业“破坏性创新”的发展，为金融行业与机构测试新方法提供了机会。由此可见，“监管沙盒”犹如在相对有限的环境中开展金融创新试验，倘若试验成功，则可以全面推广；倘若试验失败，则可以中止相关试验，从起点之处防范金融风险扩大，防止金融消费者权益受到侵害。

表 8－1　监管沙盒在不同国家的应用

国家	金融监管机构	监管目标
英国	金融行为监管局（FCA）	宏观调控层面：促进创新 市场规制层面：保护消费者，保护市场竞争
荷兰	荷兰中央银行（DNB） 金融市场管理局（AFM）	宏观调控层面：促进创新，审查法律合规的合理性

续表

国家	金融监管机构	监管目标
澳大利亚	澳大利亚证券和投资委员会（ASIC）	宏观调控层面：促进创新，合理监管市场规制层面，增强投资者与消费者信心
新加坡	金融管理局（MAS）	促进创新，防范风险，创造商业机会与改善民生

同时，为在有限的金融监管资源约束下实现金融监管目标的最大化，实现系统性保护目标以及消费者保护目标，英国、澳大利亚、新加坡、荷兰等都在积极推进“双峰监管”。

随着我国从互联网金融阶段向金融科技阶段迈进，我国日益重视防范系统性金融风险以及金融的稳定发展。2017 年 7 月，我国设立国务院金融稳定发展委员会（国务院金稳委）；同年，中国人民银行金融稳定局正式成立，旨在综合分析、评估、防范、化解系统性金融风险；2022 年 4 月，中国人民银行等共同颁布《金融稳定法（草案征求意见稿）》，明确了国家金融稳定发展统筹协调机制的职责。新一代金融科技的崛起，既促进了金融行业的创新发展，又衍生了众多的金融风险与不稳定性，因此有必要构建金融科技市场稳定的长效机制。

2019 年 12 月，央行启动金融科技创新监管试点工作，支持在北京市率先开展金融科技创新监管试点，探索构建符合我国国情、与国际接轨的金融科技创新监管工具。2023 年末，央行各地分行密集披露了金融科技创新监管工具的创新应用情况，涉及多个银行及金融机构。其中，涉农领域和绿色金融成为创新的主要方向，受到参与银行的青睐。这些创新应用旨在利用新兴技术提高金融服务实体经济的能力，特别是在绿色出行、绿色科创、农业产业链融资等方面。同时，不同地区根据自身优势，探索方向也趋于多元化，如粤港澳大湾区的金融科技跨境创新测试应用。这些创新应用不仅顺应了市场需求，也符合国家政策的导向，有助于推动金融机构数字化转型和绿色金融、农村金融的发展。“入箱”应用增多的同时，“出箱”应用也同样增多。根据《中国人民银行关于发布〈金融科技创新应用测试规范〉等 3 项金融行业标准的通知》《中国金融科技创新监管工具白皮书》等要求，金融科技创新监管工具创新应用从申报到结束测试，再到对外推广需要严格的流程和评价管理。北京市和山西省分行相继公告了多个完成测试的创新应用，未来这些产品将在更广泛范围内提供常态化服务。

在消费者权益保护方面，我国陆续出台了《消费者权益保护法》《中国人民银行金融消费者权益保护实施办法》等法律法规，完善了金融机构行为规范及消费者金融信息保护与监管机制等，但是对于金融科技这类创新型金融业态，我国并未过多强调对金融消费者权益的保护，需构建完善的“双峰监管”机制，从金融科技的市场规制视角，逐步实现金融消费者保护的目标。

任务二　掌握监管科技五大应用场景

德勤 2017 年的报告 *The RegTech Universe On The Rise* 描述了监管科技的五大服务领域（其内在联系见图 8－2）：在金融机构与客户的交易活动方面，监管科技可以应用于客户身份识别和交易行为监控场景；而作为银行等相关金融机构经常使用的模拟技术，金融压力测试是监管科技落地的一大场景；在金融机构与监管机构的合规方面，法律法规跟踪和合规数据报送是监管科技的两大应用场景。

图 8－2　监管科技五大应用场景内在联系

（1）交易行为监控：面对纷繁复杂的互联网数字金融时代，为维护消费者利益和维持金融体系稳定，需要在交易过程中进行反洗钱、内部交易等可疑交易行为的监控。监管机构和金融机构可以借助大数据、云计算等技术进行实时监控，完整覆盖交易前中后全过程，最后以可视化的呈现方式提供指导意见。

（2）合规数据报送：由于监管法律法规的合规性要求，金融机构进行金融数据统计的维度和口径不一致，合规数据的标准化和数字化成本较高。监管科技可以应用在合规数据的标准化流程中，利用多种新技术帮助金融机构清洗加工数据，自动生成合规报告。

（3）法律法规跟踪：随着监管法规条文增加，监管形势趋严，传统应用专业合规人员的成本上升。通过人工智能和大数据技术对海量的法律法规实现自然语言处理，帮助金融机构进行法律法规跟踪，改变传统的人工合规方式，降低合规成本，提高合规效率。

（4）客户身份识别：客户身份识别是金融监管中识别风险、防控风险工作中重要的环节。传统的客户身份识别主要靠人工，借助机器学习、自然语言处理、生物识别技术等技术，可以提高客户识别效率，预警一切可疑客户与可疑交易行为。

（5）金融压力测试：跨界金融增加了金融风险，为了及时发现潜在风险并采用相应的应对措施，金融机构可以借助人工智能、大数据等手段，更加精准地模拟真实情境下的金融状况，对金融机构进行极端条件情况下的压力测试，在多元化的模拟环境中进行金融新模式、新产品的创新实验。

一、场景一：交易行为监控

近年来，互联网金融快速发展，移动支付随处可见，技术进步改变了我们的日常消费生活。但在发展的同时，金融机构和广大消费者也面临金融诈骗的威胁。反欺诈、反洗钱是交易行为监控的重要内容，运用大数据和人工智能技术，可以更好地防范潜在风险。

（一）交易行为监控升级的必要性

（1）新型金融风险亟须交易行为监控升级。市场交易行为监控是维护金融安全的重要举措。中国人民银行多次表示，将严格规范金融市场交易行为，加强互联网金融监管。

（2）新型欺诈手段层出不穷。金融科技快速发展的同时，新型欺诈手段也不断滋生。根据中国互联网络信息中心统计，2023 年全国互联网金融领域因黑客攻击和技术漏洞导致的资金损失达 120 亿元人民币，较 2022 年增长 15%。传统的反欺诈技术维度较为单一、效率低下，无法应对新形势下呈现专业化、产业化、隐蔽化、场景化特征的欺诈手段。

（3）反洗钱形势依然严峻。随着大数据时代的到来，互联网、人工智能、云计算、区块链等信息技术的普及应用不断催生金融新业态、新模式。利用互联网洗钱等犯罪手段也层出不穷，电子支付等新金融领域成为洗钱犯罪的重灾区。根据 2025 年 1 月召开的全国检察长会议，检察机关协同防范打击利用虚拟货币非法向境外转移资产犯罪活动，起诉洗钱犯罪 2 741 人。

（4）新型技术助力交易行为监控。区别于传统渠道，线上渠道的特点使金融机构对用户身份真实性核实变得非常困难。同时线上渠道会产生高并发、海量、非结构化、多维度的数据，无论从业务角度还是技术角度对于金融机构的反欺诈能力都提出了更高的要求。面对纷繁复杂的互联网数字金融时代，金融机构和监管机构可以利用大数据、人工智能等新型技术，基于线上渠道产生的海量数据，变劣势为优势，采用大数据技术防控线上渠道产生的欺诈风险，通过机器学习手段缩短反欺诈、反洗钱模型更新迭代周期。

（二）交易行为监控构成

新技术驱动实时交易监控。市场行为监控系统覆盖交易前、交易中、交易后三个阶段，实时反馈跟进。通过利用大数据、云计算等新兴技术，可以简化监管业务流程（见图 8－3），降低成本，提高金融机构的运营效益。

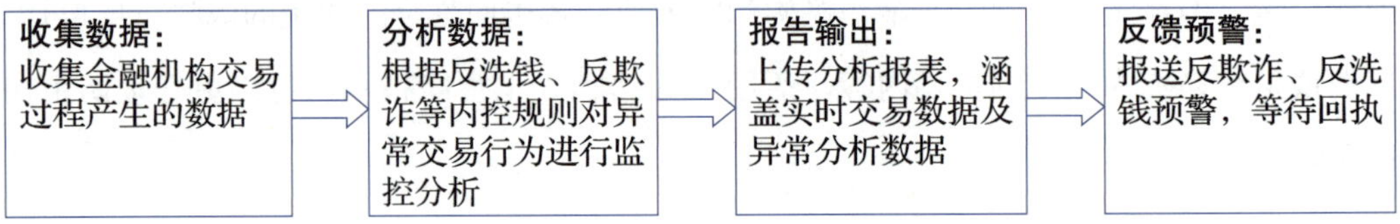

图 8－3　交易行为监控业务流程

交易前：金融机构将合规条文和风险评估工具嵌入实时监测系统，采用大数据技术和软件集成工具，建立数据仓库。

交易中：金融机构进行交易数据的挖掘、分析，自动生成合规报告并上传至实时监测平台，由此简化了传统的数据收集、整理过程，降低了人力成本。而且可以从中获得常规统计手段难以获取的数据，对金融犯罪风险、客户行为风险进行监测分析，有效提高了监管报告的准确性和及时性。

交易后：通过可视化工具对多维度数据进行图表化处理，简明有效地呈现数据，改善了人机交互体验。同时，基于实时传送的风险监测分析，金融机构可获得更加有效、快捷的监管建议和指导，更好地了解监管法规和合规责任，在后续经营活动中不断改进自身工作。

二、场景二：合规数据报送

合规报告是监管机构进行非现场监管的重要手段。自 2008 年金融危机后，监管机构对金融机构数据报送内容的要求逐渐提高，金融机构需要面向多个监管机构报送不同结构、不同统计维度的数据，合规成本不断上升。随着新一轮监管合规政策的实施，金融机构和金融科技企业需要借助新技术对现行的操作系统进行调整、改进，以满足合规要求。

（一）合规数据报送升级的必要性

（1）合规数据质量普遍较低，标准化势在必行。在金融科技赋能金融业发展的今天，数据对于金融机构尤为重要，金融监管机构对于数据的依赖程度也远高于以往。

（2）金融机构数据处理能力仍较为落后。现阶段仍有很多的金融机构难以满足监管机构提出的数据要求：一是数据处理能力较为落后。很多金融机构的基础设施还不够完善，随着交易方式的创新和交易系统的升级，交易过程中产生的海量数据更是加剧了数据处理的难度。二是数据质量不高，金融业务开展过程中产生的大量文本、图像、音频等非结构化数据，缺乏进一步清洗加工。三是数据孤岛现象，金融机构之间、监管机构与被监管机构之间出现了信息断层，原因如下：不同金融机构之间数据标准化程度不同，无法实现数据的有效流通和共享；企业出于保护商业机密或者节约数据整理成本的考虑而不愿共享自有数据，政府部门也缺乏数据公开的动力；数据流通共享过程中无法保证数据的安全性和完整性。

基于以上原因，虽然数据整体体量较大，但是每个数据孤岛所拥有的数据没有统一的指标定义，维度也不尽相同，因此无法进行高效分析进而转化为指导合规行为的决策和行动的能力。

（3）合规数据标准化将有效降低合规成本。金融机构合规人员在业务经营范围、数据报送口径、信息披露内容与准则、金融消费者权益保护等方面经常存在理解偏差，这容易导致监管标准难以一致。而且，在合规数据报送方面，金融机构通常需要向多个不同职能的监管部门报送不同结构的、不同统计维度的数据，尤其是在监管力度逐渐加大的今天，合规成本更高。

对此，金融机构和金融科技企业可以将 API 与其操作系统进行对接、嵌套，并利用机器学习等技术对数字协议进行分析、解读，运用人工智能技术对交易数据、风险数据等进行实时、连续、动态的监控，通过云计算、大数据对风险数据进行实时分析，及时自动生成合规报告。

监管机构还可以将合规功能和计算函数转至云计算平台，方便金融机构调用进行数据清洗加工，丰富数据维度，提高数据质量，且数据处理效率将明显提高。

（二）合规数据报送构成

多项技术助推合规数据报送流程升级。统一的数据报送口径制定，使合规数据的处理与报送流程标准化。金融机构可以对自有交易数据进行加工清洗，提高内部数据整合效率及数据质量，从而简化合规报告生成流程，降低合规成本。

监管 API（RegAPI）是监管机构向金融机构提供的监管科技接口，将各种监管政策、规定和合规性要求进行数字化（工具化和标准化），使其具备“机器可读”或者“可编程”的要求，方便金融机构对其内部流程和数据进行编程，并通过统一协议交换数据和生成报告。监管机构可以针对不同的监管业务定制 API，API 包括各种需要输入的数据和计算函数，以及输出的数据等，金融机构通过调用这个 API 对其内部流程、数据编程，并通过统一的协议交换数据，自动完成计算和报告等事项。

合规数据报送流程如图 8－4 所示。

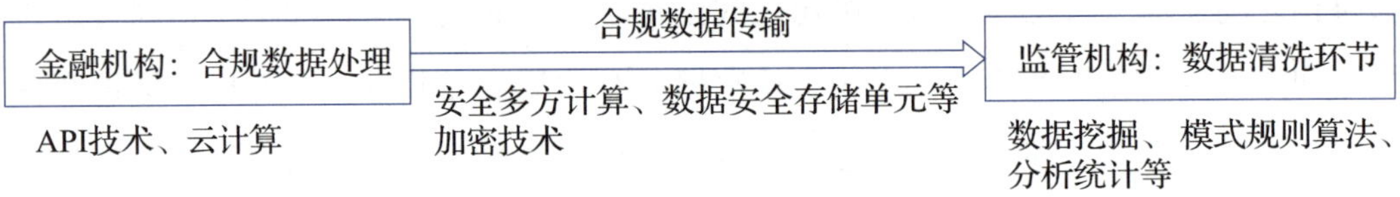

图 8－4　合规数据报送流程

想一想：合规数据报送具有哪些形式？

（1）在合规数据处理阶段，金融监管部门与金融机构利用 API 技术、系统嵌入、云计算等方式，完成实时数据交互，减少人工干预，提高金融机构报送数据的能力，降低金融机构合规成本。在数据标准化方面，云计算能对不同维度、不同类型和不同形态的数据进行集中处理分析，实现金融机构之间数据的通用性。同时，平台各方基于云计算技术可以制定统一的金融数据统计口径（API）、数据交互标准，加强数据综合利用，实现监管合规要求的自动化处理。

（2）在合规数据传输过程中，可以利用安全多方计算、数据安全存储单元等加密技术保证数据传输过程中不被窃取、篡改、破坏等，通过属性、对象和访问类型标记元数据，增强监管数据采集过程的安全性和可靠性。

（3）在数据清洗环节，针对海量异构金融数据，特别是由于数据来源广、关联系统多等原因而产生的低质量数据，综合运用数据挖掘、模式规则算法、分析统计等手段进行多层清洗，使获得的数据具有高精度、低重复、高可用优势，为风险态势分析等提供更为科学合理的数据支持。

三、场景三：法律法规跟踪

自 2018 年 3 月以来，银保监会（现为国家金融监督管理总局）在政策上的力度明显加强，政策集中发布期再次来临。面对众多金融监管法律法规，传统利用人工合规的方式已经难以适应现在的监管需求。运用基于人工智能、大数据、云计算等新兴技术的监管科技，进行法律法规跟踪是必然趋势。

（一）法律法规跟踪升级的必要性

近年来，P2P 网贷平台、互联网欺诈交易问题迭出，国家加强了金融监管，出台一系列政策要求严格把握金融风险。企业和金融机构的合规已成为制约自身发展的重要因素之一。随着科技的进步，欺诈手段更加多样，金融监管政策趋紧，合规需求增加，对专业合规人员的要求提高，合规成本不断上涨。

目前金融机构和公司采取的合规方式仍然借助人工核查手段，配备专业合规人员进行合规操作，但是这样的传统手段已经明显无法与不断更新的监管政策相适应。在金融危机之后的几年里，一家公司面对合规需求最快的解决方案是增加审计、管理风险和负责合规的总人数。然而，仅仅依靠这些专业人员数量增加与素质能力的提高，并不是一个可持续的解决办法。越来越多的公司正在推进数字化和自动化原有工作流程，而不是选择继续增加人员。利用人工智能、大数据、知识图谱等技术进行法律法规跟踪学习，以达到合规目的，正成为企业发展的必然要求。

（二）法律法规跟踪升级构成

人工智能是近年来的热点话题，也是发展最为迅速的新兴技术之一。通过自然语言处理和机器学习技术，可以快速处理和学习最新的法律法规和监管案例，进行案例分析推理，比较不同案例差异，进行全局化计算，评估金融风险，及时提醒金融机构调整合规操作。除此之外，人工智能和大数据技术分析还可以比较不同国家监管文件之间的关联性和差异性，帮助金融机构合法地开展跨境业务。由此可见，人工智能基础上的法律法规跟踪具有很强的实用性。

目前应用最广泛的技术有：机器学习、自然语言处理、人机交互和知识图谱，这四项技术在法律法规跟踪中都有应用，如图 8－5 所示。人工智能可以基于数据进行机器学习，从观测数据（样本）的法律法规出发寻找内在规律，利用这些规律对未来数据或无法观测的数据进行预测；对于金融相关法律法规条文，可以通过自然语言处理，根据语境进行机器翻译、语义理解等操作；人机交互主要包括人与计算机之间的信息交换，对法律法规的跟踪必须及时跟进反馈，监测其准确程度；通过知识图谱的建构，可以整合不同种类的信息，搭建内部结构网络，更加全面、精准。

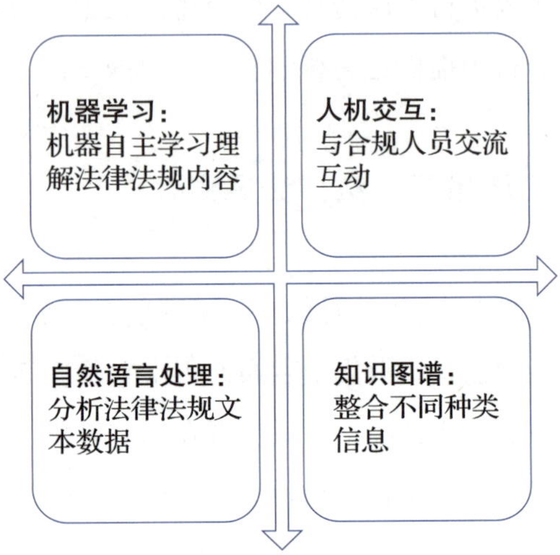

图 8－5　人工智能法律法规跟踪示意图

四、场景四：客户身份识别

客户身份识别是金融监管中识别风险、防控风险工作中的重要环节，同时也是我国反洗钱法律制度的强制性要求，是金融机构及其工作人员必须履行的法律义务。随着金融科技的发展，越来越多的金融业务向线上转移，这一变化使客户身份识别在金融监管中的作用愈发重要。

（一）客户身份识别升级必要性

金融科技倒逼 KYC 合规技术升级。金融科技的发展颠覆了传统 KYC 并且提出了更高的监管合规要求。金融机构做好客户身份识别工作，需充分了解自己的客户，这是平衡金融发展与风险的重要保障。传统的 KYC 由于贷款对象集中、数额较大，因此成本较低。然而，随着第三方支付等互联网金融的出现，网络小额贷款快速发展，金融机构面临着数量巨大的小额贷款客户，传统 KYC 落后于金融科技发展的步伐，其烦琐低效的 KYC 流程一直是金融机构的痛点，耗费了大量人力、物力、财力。为了高效、及时地进行 KYC 合规，金融机构应该及时采纳金融行业内最先进的科技进行客户身份识别，评估客户风险等级，甄别潜在的客户行为风险并加以阻止。

动动手：请通过网络搜索了解哪些平台具有 KYC 合规流程。

（二）客户身份识别构成

区块链联盟监管平台实现安全可控的 KYC 信息共享。金融机构和监管机构可以成立基于区块链联盟的监管平台，金融机构平台通过区块链技术实现 KYC 分布式存储和认证共享，任何一个加入监管平台的金融机构只要将经过认证的 KYC 信息存储到区块链，其他节点上的金融机构和监管机构即可同步得到一致的信息，监管机构可以对交易行为进行事中或事后监管。入链的 KYC 信息在每次被写入或修改时，需要被执行机构签名确认，实现安全可控的 KYC 信息共享，避免重复的客户身份认证，降低监管合规成本。

金融机构可以通过机器学习实现 KYC 合规过程。金融机构在审查和评估客户申请资料时，可以通过机器学习预判客户行为。传统的 KYC 合规主要靠问卷调查，现在可以基于大数据分析客户的客观、主观数据，基于自然语言处理技术，洞察客户需求，牢牢把握实际和潜在需求，实现精准客户画像，匹配所需要的产品和服务。而且金融机构可以根据风险得分对客户进行分级，确定哪类用户或产品需要进行额外的监督，从而对风险进行精确控制。

将指纹识别、虹膜识别、人脸识别等生物识别技术应用于 KYC 合规过程，可准确验明与识别客户身份，提高客户身份识别效率，满足法规要求，预警可疑客户与可疑行为。

五、场景五：金融压力测试

良好的金融发展离不开严格的监管，同时也离不开自身不断的创新。从英国到新加坡，越来越多的国家已经开始了“沙盒模式”的探索推行，如何利用一个虚拟的环境减少探索实践的风险，如何通过技术手段提前检测金融压力，寻找更好的发展道路，正成为一个越来越热门的话题。

（一）金融压力测试升级的必要性

面对日益严苛的监管政策，如何在创新与风控之间建立一个有效的运行方案是金融机构必须考虑的问题。

传统来说，银行常用的量化市场风险的方法是在险价值（VaR）的计算，这是一种描述给定组合可能遭受损失大小的较为简易的方法，基本上可以满足各类金融机构风险控制的需要。但是从全面性和探索性的角度考虑，压力测试是金融机构测量风险的重要途径。

金融压力测试不仅仅是金融机构自身风控在特定条件下前瞻性的测试，也是监管机构辅助金融机构进行创新实践的重要路径。通过虚拟的测试，提前预知风险发生强度状况，帮助金融机构在真正面对突发极端经济状况下快速采取相应应对措施。

金融压力测试可以帮助金融机构充分认识自身现有和潜在风险状况，方便危机管理；可以补充风险计量模型正常情况下无法预知的信息，更好地评级预警以“沙盒模式”为代表进行虚拟情景测试的压力测试方法，可以在足够安全的前提下进行创新实践。

（二）金融压力测试构成

自20世纪90年代以来，金融压力测试已经逐渐被国际银行和各种金融机构所采用，进行风险管理。测试人员将金融机构或资产组合置于某一特定的极端情境条件下（如经济增长骤减、股价暴跌等），观察其在压力下的表现，测试其承受能力。经过多年的实践，目前的金融压力测试已经形成一套较为系统科学的测试流程。

总的来说，一个金融压力测试分为三个阶段：选取测试范围，设定测试情境，信息披露与反馈，如图8-6所示。以欧美常见的压力测试为例，通常选取信用较为良好、影响力大的金融机构进行测试；设定测试情境时一般选择历史情境或者极端情境，即已发生过的情况或者专家预想的极端金融状况，根据市场状况和自身业务特点决定；最后是信息披露与反馈，测试机构会对整个测试过程实时监控，实时检测，适时披露相关信息，透露给金融机构更改的信号。

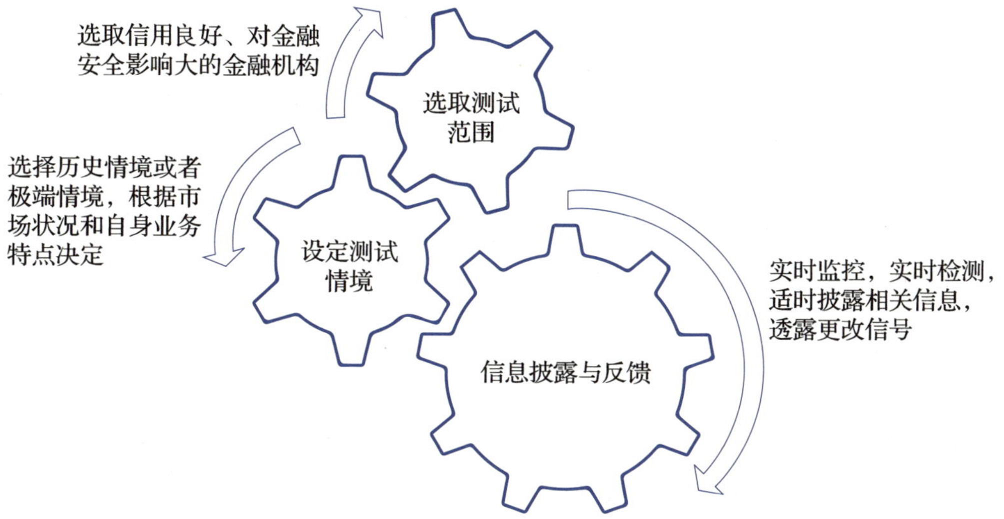

图 8-6　金融压力测试过程

新技术下的金融压力测试将借助人工智能、大数据等手段，更加精准地模拟虚拟情境下的金融状况，反馈监督过程也会更加透明。“沙盒模式”“金融风洞”的探索实践是在一个力求风险最低的前提下进行策略创新的良方，目前已经在很多国家得到推行。

任务三　了解监管科技的发展

一、中国金融科技监管实践

金融科技（FinTech）与监管科技（RegTech）的融合发展，是中国金融体系数字化转型的重要驱动力。随着金融创新的加速，中国逐步构建了以技术赋能为核心、兼顾安全与效率的监管框架。

（一）发展历程：从技术辅助到智能监管

中国监管科技的发展可分为两大阶段：

技术辅助阶段（20 世纪 90 年代—2017 年）：以“金税工程”为代表，通过信息化手段提升税务、银行等领域的监管效率。此阶段技术应用局限于数据采集与流程优化，尚未形成系统性监管科技框架。

智能监管阶段（2017 年至今）：2017 年中国人民银行成立金融科技委员会，此后，《金融科技发展规划（2022—2025 年）》等政策文件明确要求深化监管科技应用，覆盖反洗钱、征信、消费者保护等领域。监管沙盒、隐私计算平台等创新工具逐步落地，形成“自上而下”的中国特色监管路径。

（二）核心技术应用：构建数字化监管基础设施

中国监管科技的底层技术架构以大数据、人工智能、区块链和隐私计算为核心，服务于风险识别、合规管理和决策支持。

风险预警：利用机器学习模型分析交易数据与舆情信息，识别市场操纵、洗钱等异常行为。例如，国家金融科技风险监控中心通过实时监测创新项目测试数据，动态调整风险阈值。

智能合规：自然语言处理技术解析监管文件，自动生成合规报告。

数据共享：基于区块链的“养老救助资金发放核查平台”实现民政与银行数据可信交互，避免重复救助。

隐私保护：金融业隐私计算平台采用全同态加密技术，支持跨机构数据“可用不可见”，已在多个省份试点。

DeepSeek 大模型：通过混合专家架构（MoE）降低计算成本，适配银行智能客服、风控等场景。重庆农商行“AI 小渝”利用该模型实现业务响应速度提升 50%。

联邦学习：在反欺诈领域实现跨机构模型训练，保护数据隐私的同时提升风险识别精度。

（三）典型场景实践：赋能“五大领域”

根据中央金融工作会议部署，监管科技聚焦科技金融、绿色金融、普惠金融、养老金融、数字金融五大领域。

科技金融：监管沙盒支持金融机构与科技公司联合测试创新产品。例如，交通银行湖北省分行结合碳交易数据开发绿色信贷模型，精准评估企业碳排放权价值。

绿色金融：卫星遥感与 AI 技术监测企业碳排放，辅助绿色债券发行审核。某省级分行通过环境数据动态评估贷款项目可持续性，降低“漂绿”风险。

普惠金融：中小银行利用联邦学习技术整合涉农信用数据，优化线上信贷服务。邮储银行陕西省分行通过移动端申请流程，将农户贷款审批周期缩短至3天。

养老金融：区块链技术应用于养老金账户管理，确保资金流向透明可追溯。江苏银行通过智能合约自动执行养老金发放规则，减少人工干预误差。

数字金融：隐私计算平台支持跨境支付实时监控，助力多边央行数字货币桥（mBridge）项目，2023年处理交易规模超200亿元。

（四）未来趋势：智能化与全球化并进

未来监管科技呈现智能化与全球化并进趋势。云计算平台提供模块化合规工具，中小机构可“按需订阅”反洗钱、KYC等功能，降低运营成本。通过API将合规逻辑植入金融产品底层代码，实现交易实时拦截与风险自纠。研发抗量子加密算法，应对量子计算对传统体系的威胁。依托“一带一路”深化监管科技国际合作，输出中国标准。

二、国际金融科技监管科技发展

（一）发展阶段演进

（1）人工处理阶段（2000年前）：依赖Excel等工具进行数据录入与简单分析，效率低且易出错。

（2）流程标准化阶段（2000—2010年）：建立统一数据报送平台，如欧盟的标准化报告系统（COREP），实现初步自动化。

（3）自动化阶段（2010—2020年）：引入机器人流程自动化（RPA）与API技术，如荷兰央行通过“自动解码器”实时监测银行流动性风险。

（4）智能分析阶段（2020年至今）：应用机器学习（ML）与自然语言处理（NLP），如新加坡金融管理局利用AI分析可疑交易报告，处理效率提升99%。

（二）核心技术应用

（1）风险预警：澳大利亚证券和投资委员会通过市场分析平台（MAI）实时监测异常交易，识别系统性风险。美国SEC利用AI筛查高频交易订单流，2022年查处违规案件增长 35%。

（2）智能合规：意大利央行运用机器学习预测贷款违约率，准确率达 85%。奥地利央行建立数据推送平台，实现金融机构数据实时传输。卢旺达央行构建电子数据仓库（EDW），整合多源数据支持宏观审慎监管。

（3）数据共享：欧盟通过区块链建立跨境支付监管网络，实现交易透明可追溯。新加坡金融管理局开发双层数据分析系统，2 分钟内识别传统人工需 2 年才能发现的洗钱网络。英国 FCA 与新加坡 MAS 通过 API 标准化测试环境，实现创新产品跨境测试。国际清算银行（BIS）联合中国、阿联酋等国，利用区块链技术实现跨境支付实时监控，2023 年交易规模超 200 亿元。

（4）隐私保护：新加坡金融业隐私计算平台采用全同态加密技术，支持跨机构数据“可用不可见”。

（5）监管大模型：美联储与欧洲央行合作开发联邦学习框架，在保护隐私前提下联合训练反欺诈模型。英国 FCA 推出监管大模型，实时解析监管政策并生成合规指引。

三、发展挑战与应对策略

（一）核心挑战

（1）数据标准化不足：各国数据格式与监管规则差异导致跨境协同困难，如欧盟《数字服务法案》（DSA）与美国《宪法第一修正案》冲突引发法律纠纷。

（2）技术风险与伦理争议：AI 模型存在算法偏见风险，如某银行反欺诈系统对少数族裔误判率高出 40%。

（3）算力与安全瓶颈：高频交易监控需处理 PB 级数据，对算力是一个挑战；云服务集中化加剧系统性风险。

（二）应对措施

（1）推动标准国际化：ISO 与 IEC 联合制定 AI 伦理标准，中国主导制定 5G、电动汽车等领域国际标准，减少技术性贸易壁垒。

（2）加强跨境合作：BIS 发起“监管科技联盟”，协调各国数据共享与法律互认。

（3）完善伦理框架：欧盟引入 SHAP 值分析工具，量化模型决策透明度；推行《人工智能法案》明确算法问责制。

四、未来趋势与展望

未来，智能化监管将进一步深化，如通过 API 将合规逻辑植入金融产品底层代码，实现交易实时拦截；通过 NIST 推动抗量子算法标准化，防范量子计算对传统加密体系的冲击。同时，云计算平台提供模块化合规工具，中小机构可“按需订阅”反洗钱、KYC 等功能，降低技术门槛。此外，全球治理网络构建也非常必要，如依托共建“一带一路”倡议与《全面与进步跨太平洋伙伴关系协定》（CPTPP），推动监管科技标准互认，建立多边数据治理协议。

任务四 案例分析

案例一

中金金融认证中心有限公司旗下交易监控及反欺诈系统

中金金融认证中心有限公司旗下的交易监控及反欺诈系统是一套基于大数据分析的风险监控系统，采用分布流式计算平台架构，通过机器学习和神经网络等数据挖掘技术进行智能分析，可以有效地对金融机构交易数据进行实时风险监控，并依据风险级别进行决策，同时提供共享平台，在银行、公安部门、法院等机构间实现规则、案件、黑名单等的信息共享。

交易监控及反欺诈系统具有智能、高效、实时等特点。

（1）智能：通过对海量交易数据进行数据挖掘，分析可疑交易行为案例，总结欺诈特征，自动更新风险特征模型；对模型进行参数和阈值优化，持续提升系统报警准确度；使用曲线、多维图或自动化报表技术呈现优化效果。

（2）高效：具有高容错性的分布流式计算平台架构，其并行处理方式可大大提高计算速度；其存储策略可保证各个存储节点的动态平衡，实现数据的高效存取。系统采用内存与数据库互通互备的数据存储方案，提升系统健壮性。

（3）实时：基于分布流式实时计算的分析引擎具有强大的处理能力，使实时分析器能在交易前或交易中迅速识别交易的风险，并根据风险等级发出预警信息。系统可与短信、客服、邮件等平台结合，针对高风险交易向用户主动发起核实或发送预警信息。

案例二

安全多方计算平台 JUGO

安全多方计算（Secure Multi-Party Computation，SMC）能使多个互不信任的参与主体在不泄露各自输入信息的前提下，通过交互操作或非交互操作协同完成计算任务。在整个计算协议执行过程中，用户对个人数据始终拥有控制权，只有计算逻辑是公开的。

以矩阵元旗下的 JUGO 安全多方计算平台为例，目前 JUGO 平台基于 Semi-honest（半诚实）模型，实现通用两方计算。在矩阵元的 JUGO 平台上，多个参与方的数据无须归集到平台，参与方将数据保存在本地进行协同计算，然后分析得出结果，其中平台充当了数据加工厂的角色。假设有一个借款人想在网贷平台申请一笔贷款，那么在这笔业务中，放贷平台要评估借款人是否符合条件，可以借助 JUGO 平台，与征信机构进行协同计算。具体流程如图 8-7 所示。

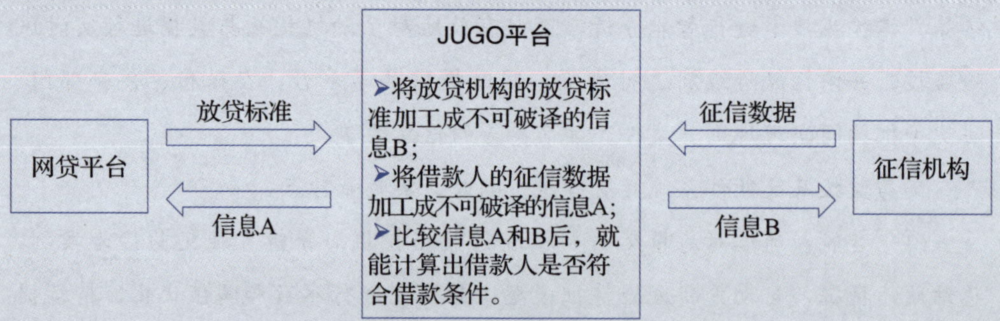

图 8-7　安全多方计算平台

案例三

IBM Watson 智能合规流程

智能合规系统具有理解、推理、学习、交互四大能力。IBM Watson 系统是开发最早且发展较为成熟的人工智能认知计算系统，具有理解、推理、学习、交互四大能力，通过自然语言理解技术分析数据、推理假设，并能够自我学习反馈、与人交互。

2017 年 6 月，IBM 收购鹏睿，鹏睿成为 IBM 旗下全资子公司，训练 Watson 系统掌握多达数万条的监管条文，审查与潜在金融犯罪相关的交易与案例，利用 200 多个法规输入系统，识别标记潜在义务，大大减少合规人员工作成本。

IBM Watson 还推出了金融犯罪洞察解决方案，整合认知计算、智能机器人过程自动化、身份解析、网络分析、机器学习和其他高级分析功能，可以加快尽职调查速度，帮助企业更有效地理解和管理现有交易监控系统产生的大批反洗钱反欺诈警报，其行为监控解决方案的功能也正在进一步扩展，以求应对更广泛的金融行为风险，包括销售惯例、客户适用性和信托责任等。

整个智能合规操作流程主要分为五个阶段（见图 8－8），完整覆盖合规全流程，利用自然语言技术学习合规条文，利用认知计算实现自动化和数字化，减少成本。

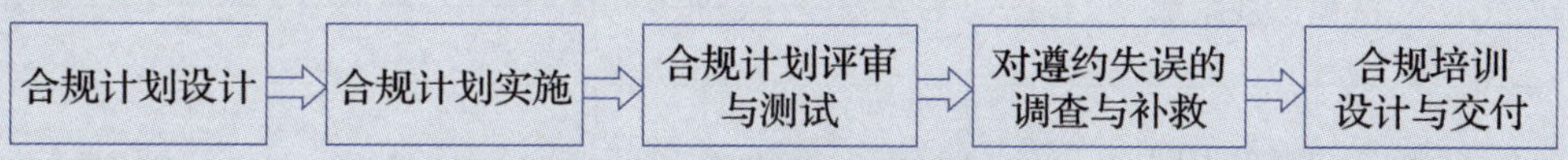

图 8－8 智能合规操作流程

合规计划设计：包括制定合规风险治理政策和程序、义务、遵约风险方法和评估系统、监视程序和系统、问题跟踪系统、董事会和高管层报告等相结合的合规报告包。

合规计划实施：包括制定合规人员编制计划、临时遵约人员编制、薪酬计划中的符合性风险管理目标。

合规计划评审与测试：对计划进行评审，开始正式测试。

对遵约失误的调查与补救：针对失误项目进行调查，采取补救措施。

合规培训设计与交付：包括员工培训（人员和计算机基础）和合规操作专业培训。

任务五　监管科技实训

1. 实训目标

掌握监管科技的典型场景及内在联系。

2. 实训要求

学生能够查找并分析监管科技不同应用场景的典型案例。

3. 实训内容

通过网络搜索，查找除本书所述以外的监管科技应用场景及案例，并与本书所述案例进行异同点对比分析。

序号	应用场景	案例简述	与本书所述案例的异同点分析
1	交易行为监控		
2			
3	合规数据报送		
4			
5	法律法规跟踪		
6			
7	客户身份识别		
8			
9	金融压力测试		
10			
11			
12			
13			
14			

项目小结

内容	关键知识点及技能	要求
监管科技概述	监管科技的定义、参与者、核心技术、发展必要性及现状	掌握
监管科技应用场景	五大典型应用场景：交易行为监控、合规数据报送、法律法规跟踪、客户身份识别、金融压力测试	熟悉
监管科技的发展	中国金融科技监管实践，国际金融科技监管科技发展	了解

参考文献

［1］陈健恒，魏真真．美国三项加密货币法案通过：美国数字货币应用和需求扩张正式启动［EB/OL］．https://baijiahao.baidu.com/s?id=1838074369837782939&wfr=spider&for=pc.

［2］科技司．三部门关于印发《区块链和分布式记账技术标准体系建设指南》的通知［EB/OL］．https://www.miit.gov.cn/zwgk/zcwj/wjfb/tz/art/2024/art_c82be443223e4a5aa9cee2c435112e00.html.

［3］张正平，于新．《数据安全法》对商业银行金融科技投入的影响研究［J］．现代金融研究，2025，30(3).

［4］潘洋．金融科技监管的法律框架研究：平衡创新与风险控制的制度设计［J］．求实，2024(6).

［5］周雷，陈佳慧，熊舒琪，等．金融强国视域下中国版“监管沙盒”的构建与完善：基于金融科技创新监管试点的应用研究［J］．西南金融，2024(4).

［6］汤柳．美欧金融监管政策偏好的形成逻辑及其比较［J］．金融评论，2022，14(6).

［7］李瀚琰．金融科技监管的国际经验与启示［J］．财会月刊，2024，45(3).

［8］黄震，张夏明．中国监管科技的实践探索及其完善路径［J］．陕西师范大学学报（哲学社会科学版），2023，52(4).

［9］张铁薇，刘旭杰．隐私科技驱动下金融数据合规的治理路径［J］．商业研究，2022(6).

［10］李晓龙．数字化时代的网络金融刑事合规［J］．南京大学学报（哲学·人文科学·社会科学），2021，58(5).

［11］秦勇，韩世鹏．监管科技：概念重塑、适用逻辑与规范路径［J］．金融发展研究，2021(8).

［12］屈淑娟．金融科技背景下我国移动支付的监管问题［J］．甘肃社会科学，

2021(4).

［13］黄昊. 金融科技域外治理经验及对我国的启示［J］. 企业经济，2021，40(6).

［14］陈涛，赵圻. 监管科技工具 TechSprint 启示［J］. 中国金融，2021(3).

［15］王柯瑾，金融科技“监管沙箱”4 年：创新应用密集产出［N］，中国经营报，2023-11-04.

［16］程雪军，尹振涛. 全国统一大市场下的金融科技创新与监管体系重构［EB/OL］. https://baijiahao.baidu.com/s?id=1777761873568296256&wfr=spider&for=pc.

［17］中国信通院. 中国金融科技生态白皮书（2023 年）［R］，2023-11.

［18］赛迪顾问. 从美国合规监管看 Web3.0 行业发展［EB/OL］. https://xueqiu.com/7842369805/279503806.

［19］周政训. 大数据时代金融征信监管研究［M］. 北京：中国政法大学出版社，2022.

图书在版编目（CIP）数据

金融科技合规实务 / 靖研主编. -- 2版. -- 北京 ：中国人民大学出版社，2025. 7. --（新编21世纪高等职业教育精品教材）. -- ISBN 978-7-300-34227-6

Ⅰ. F830

中国国家版本馆CIP数据核字第20251NY692号

新编21世纪高等职业教育精品教材·金融类

金融科技合规实务（第二版）

主　编　靖　研

副主编　付慧莲　邱　勋

Jinrong Keji Hegui Shiwu

出版发行	中国人民大学出版社		
社　　址	北京中关村大街31号	**邮政编码**	100080
电　　话	010－62511242（总编室）		010－62511770（质管部）
	010－82501766（邮购部）		010－62514148（门市部）
	010－62511173（发行公司）		010－62515275（盗版举报）
网　　址	http://www.crup.com.cn		
经　　销	新华书店		
印　　刷	北京昌联印刷有限公司	**版　　次**	2021年5月第1版
开　　本	787 mm×1092 mm　1/16		2025年7月第2版
印　　张	12.5	**印　　次**	2025年7月第1次印刷
字　　数	213 000	**定　　价**	39.00元